Índice

	Prefacio	5
1	¿Solos, o con otros?	7
2	Nuestro Padre tiene una familia grande	13
3	¡Deja ir a mi pueblo!	25
4	Se renueva el antiguo tronco	35
5	Dios trabaja con el barro	45
6	Dios construye un pueblo	55
7	"¡No me pidas que te deje!"	63
8	De generación en generación	77
9	Nuestro "pedigrí" es de primera	89
10	Seguridad social	101
11	"Algo especial en tu hogar"	113
12	La paternidad es el puente	125
13	¡Celebremos!	135
14	Algo inefable, entre lo falible	149
15	Recuperemos la visión de pueblo	159

Orville Swindoll

JESÚS Y YO... ¿Y NADIE MÁS?

Vida
Hacia un nuevo Milenio

La misión de Editorial Vida es proporcionar los recursos necesarios a fin de alcanzar a las personas para Jesucristo y ayudarlas a crecer en su fe.

ISBN 0-8297-1870-2
Categoría: Vida cristiana/Iglesia

Todas las citas bíblicas corresponden a la versión *Dios habla hoy*, © Sociedades Bíblicas Unidas 1994, a menos que se indique lo contrario.

© 1998 EDITORIAL VIDA
Miami, Florida 33166

Reservados todos los derechos

Cubierta diseñada por Gus Camacho

Diseño interior por Words for the World, Inc.

Printed in the United States of America

98 99 00 01 02 03 04 * 7 6 5 4 3 2

Prefacio

El tema de la iglesia como pueblo de Dios me ha interesado durante décadas. Recuerdo un período cuando estaba preparándome en la universidad para responder a lo que interpretaba como el llamado de Dios para servirle en el ministerio de la Palabra. Durante un buen tiempo me dediqué a leer cada día la Epístola de Pablo a los Efesios y a memorizarla. Pienso que en mi fuero interior se grabó algo de la visión sublime de la iglesia que el apóstol a los gentiles comunica allí, pues desde entonces me he sentido cautivo de esos conceptos maravillosos.

Viviendo luego en Argentina como misionero y pastor, me sentía cada vez menos satisfecho con una idea demasiado individualista de la vida cristiana. Sentí la necesidad de una visión que incorporara el planteo bíblico de la iglesia como comunidad, como pueblo, como familia. Hacía falta una relación más íntima, de mayor compromiso entre los hermanos. No era suficiente celebrar reuniones, mientras seguíamos viviendo el resto del tiempo como si no tuviéramos relaciones hermanables estrechas.

Esas inquietudes me llevaron a estudiar más el tema en las Sagradas Escrituras. También leía libros que pudieran ayudarme en la búsqueda. Conversaba con mis colegas y con otros que pudieran contribuir con algo a mi investigación. Me siento especialmente agradecido a otro misionero y gran amigo de muchos años, Keith Bentson, que habló sobre la iglesia como pueblo en una conferencia en Buenos Aires hace más de veinticinco años.

Unos años más tarde se me pidió que abordara el mismo tema en una serie de conferencias en un retiro de pastores en el interior de la República Argentina. Me agradó observar el vivo interés que manifestaron muchos de los presentes. Desde entonces he ministrado sobre el tema en varias ciudades de Argentina, como también en otros países del mundo.

En realidad, este libro está en formación hace cerca de quince años. Pero no estaba seguro de cómo seguir hasta que hace unos meses dos hermanos asociados con Editorial Vida — Alfonso Guevara y luego Esteban Fernández — me animaron a preparar el material acumulado en un libro para su publicación. De modo que expreso aquí mi gratitud a estos tres grandes amigos — Keith, Alfonso y Esteban — por el hecho de que al fin se publique este libro. Ruego al Señor bendecir e inquietar a muchos más con su lectura.

Orville E. Swindoll

Uno

¿Solos, o con otros?

Jesús y yo, y nadie más;
Jesús y yo, para trabajar.
Jesús y yo, y nadie más;
Sin ayuda de nadie.*

*E*sta canción se hizo popular durante la "revolución de Jesús" de la década del setenta, pero el concepto no es nada nuevo. Jesús y yo... lo haremos solos... enfrentaremos las dificultades solos... no precisamos a nadie más.

Quizá los que la cantaron por primera vez creyeron que habían hallado algo nuevo, una expresión fresca de la fe. En realidad estaba proclamando una actitud que ha caracterizado a la fe evangélica por mucho tiempo: el individualismo.

El individualismo ha llegado a formar parte integral de la fe cristiana del mundo occidental. Escuchamos frecuentes alusiones a la salvación *personal*, la devoción *personal*, la obra *personal*, el evangelismo *personal*. Para muchos el tema de la relación con Dios se ha convertido en una cuestión netamente personal.

---

* Traducida del inglés: Estrofa de una canción popularizada durante la "Revolución de Jesús", un movimiento cristiano juvenil de los años 70, especialmente en el estado de California, EE.UU.

Nací en medio de esta tradición y me crié sin cuestionarla. A los diez años de edad confesé a Cristo Jesús como mi Salvador y fui bautizado en agua. Mi padre me enseñó a orar a la mesa antes de comer y mi madre a orar a la noche antes de acostarme. Siendo aún adolescente desarrollé el hábito de leer la Biblia cada día, y en el servicio militar de la marina sentí la inquietud de pregonar el evangelio a otros. Así comencé a comunicar mi experiencia con Cristo a mis compañeros de armas.

Recuerdo bien la primera vez que encontré una respuesta favorable a mis esfuerzos evangelísticos. Ocurrió en la vereda de la estación de la balsa que llevaba a los pasajeros entre la ciudad de Seattle, Washington y la base naval de la isla Bainbridge. Inicié una conversación con un desconocido y le prediqué el evangelio. Para mi alegría, él respondió con fe, y juntos nos arrodillamos en la vereda y lo guié en una oración de entrega a Jesucristo.

Cuando la balsa soltó amarras, experimenté un gozo en mi alma que nunca había conocido. Me sentí confirmado en mi vocación cristiana y desafiado a rendirme de nuevo al Señor. Todo había sucedido con naturalidad: la fe se había transmitido de un ser a otro. La salvación que a través de Jesús yo había conocido en forma personal, ahora venía a ser también la salvación de otro hombre.

Sin embargo, creo que a estas alturas de mi vida caben algunas reflexiones sobre lo ocurrido.

Acababa de dejar solo a un nuevo cristiano en un mundo espiritualmente hostil, sin ninguna orientación más allá de mi breve testimonio y una sencilla oración. Luego él vio desaparecer del horizonte su único contacto con la fe cristiana sin la menor idea de poder volverme a ver.

¡Y yo estaba feliz por el gran acontecimiento!

PROTEGIDO Y SOSTENIDO

Dudo que jamás se me hubiera ocurrido que la experiencia de la salvación de otra persona pudiera realizarse en circunstancias distintas a las mías. Desde la niñez había conocido las Sagradas Escrituras. Mis memorias de la infancia son de asistencia regular a la iglesia, compañerismo con los cristianos y oraciones en el hogar. Me parecía muy natural entregar al Señor toda dificultad con la esperanza de que él la tomara a su cargo. Al enfrentar como joven problemas personales y conflictos interiores, creí completamente razonable hablar con Dios de todos ellos al estar acostado en mi cama por las noches.

Nunca se me ocurrió pensar en el esquema de sostén social y espiritual que formaba el marco de mi experiencia de la fe. Simplemente supuse que cualquier otro cristiano desarrollaba su vida religiosa en el mismo marco. Si me hubieran obligado a definir mi experiencia cristiana, sin duda lo habría hecho dentro del contexto de preconcepciones que ni sabía que existían. Aunque el concepto filosófico de una cosmovisión cristiana era para mí totalmente desconocido, me encontraba inmerso en un sistema de valores que apoyaban y sostenían mi fe en Cristo. Me hubiera sido casi imposible pensar de mí mismo o del mundo en derredor en otros términos. El mundo que yo conocía era un mundo cristiano.

Muchos años más tarde, viviendo en el extranjero en una cultura distinta a la de mi niñez y juventud, me sentí obligado a reconocer que el marco social en torno a cada persona es un elemento muy importante, pues provee comprensión, corrección, un sentido de comunidad y soporte social que hacen a la identidad de cada uno. Vez tras vez tuve que hacer ajustes importantes y ubicarme mentalmente en otro marco para poder aconsejar adecuadamente a aquellos cuya cultura era diferente a la mía. Sólo así podría apreciar sus problemas y frustraciones, sus necesidades y temores.

LA IGLESIA ES UN PUEBLO

Cuando estuve en la marina tuve una experiencia que se destaca en mi memoria como la conciencia inicial de la iglesia como un pueblo. Habiendo sido asignado a la base naval en el estado de Washington, lejos de mi casa, busqué una iglesia de mi propia denominación. Para mi sorpresa no encontré ninguna cerca de la base. Había, sin embargo, una pequeña congregación de la Alianza Cristiana y Misionera, un grupo totalmente desconocido para mí. Finalmente decidí aventurarme a asistir a un culto dominical para ver de qué se trataba. Aunque nunca me habían visto, me hicieron sentir como en casa. Al terminar la reunión el pastor y su familia me invitaron a su casa para almorzar. ¡Entendí muy bien ese lenguaje!

Luego me invitaron a una reunión de oración en la semana. Cuando llegué, me encontré con una nueva sorpresa: todas las personas se arrodillaron para orar. ¡Y cómo oraron! Estaba acostumbrado a cinco o seis peticiones breves, dos himnos y un devocional bíblico de unos veinte minutos. Después de participar de una de esas reuniones de oración tuve la sensación de haber sido espiritualmente desposeído durante la mayor parte de mi vida. Me había perdido algo muy importante.

Vivir en la base naval fue mi primera experiencia en un ambiente totalmente secular. De modo que las visitas ocasionales a la iglesia aliancista — y especialmente las visitas a la casa del pastor Francisco — fueron como un oasis en el desierto para mí. De a poco me di cuenta de que yo pertenecía a ese grupo de gente. "Iglesia" y "pertenecer" vinieron a ser términos muy queridos para mí. Pero, a decir verdad, había experimentado esa realidad aun antes de entenderla.

La importancia de esta realidad comenzó a amanecer en mí más tarde, en medio de una clase universitaria del idioma griego del Nuevo Testamento. Esa asignatura fue la preferida de todos mis cursos de estudio. Nuestro libro de texto, sin embargo, resultó tener algunas fallas.

Un día, mientras hacía una tarea de ejercicios de traducción, me desconcertó descubrir que el autor había cometido una obvia equivocación en su uso del idioma. Debíamos traducir al griego la frase, "Los hombres caminan hacia la iglesia". Es muy posible que nadie más vio algo extraño en esa frase, pero yo me indigné. Cotejando mi comprensión con el léxico griego, confirmé que en el Nuevo Testamento la palabra "iglesia" nunca se usa para referirse a un edificio. Por lo tanto, no es posible que los hombres "caminen hacia la iglesia". Las personas pueden ser añadidas a la iglesia, pueden ofender a la iglesia, pueden amar a la iglesia, pero en el idioma griego, al menos, no pueden trasladarse a la iglesia.

¡Nosotros somos la iglesia! La iglesia es el conjunto de los redimidos. La iglesia es pueblo.

La iglesia como pueblo, como comunidad, como familia es una realidad a la que uno puede pertenecer, servir y amar, y con la que puede convivir. No es, en primer lugar, una cuestión de reuniones predeterminadas. Y, definitivamente, no se refiere a edificios especiales.

La búsqueda de una experiencia cada vez más vivencial y profunda de esta gloriosa realidad se ha convertido en la fuerza motivadora de mi vida.

Ha cautivado mi atención y fascinado mi mente.

Ha cargado mi ser a veces a tal punto que se me ha ido el sueño y el hambre.

Me ha llevado a tal experiencia de éxtasis que me he sentido transportado a la gloria.

Me ha unido a aquellos de otras culturas de una manera que no me hubiera imaginado posible.

El concepto de *"Jesús y yo solos"* nunca más ha podido darme satisfacción. Es demasiado estrecho. El amor de Dios es más sublime. Su poder, que me envuelve, es demasiado grande. El resto de la familia tiene que estar involucrado. Dios mismo ha roto mis cadenas, uniéndome para siempre consigo y con todos los que le pertenecen.

La alternativa divina a una mentalidad de *"Jesús y yo solos"* es la formación de un pueblo en el cual los lazos de unión entre los involucrados son tan vitales como los que nos unen con el Padre celestial. En el pueblo la forma de vivir y la manera en que nos tratamos los unos a los otros surgen naturalmente de nuestro amor por Dios. Allí nuestra conciencia de estar unidos por toda la eternidad con el resto de los redimidos tiene tanto significado como nuestra esperanza celestial. Allí también lo secular y lo espiritual se entrelazan y realzan el valor de nuestras actividades y aspiraciones.

Al ser consciente de que estamos siendo edificados juntos como pueblo de Dios, la historia de esa unión adquiere gran importancia, porque provee la perspectiva necesaria para evaluar la experiencia actual y anticipar el futuro. Nuestra relación se fundamenta en un pacto sellado con la sangre de Jesús. La misma relación nos asegura una herencia y una esperanza gloriosa. Además, nos provee un sentido de identidad como miembros de una misma familia, de una comunidad dinámica.

En las siguientes páginas abordaremos estos temas y otros afines, con el deseo de despertar en el lector el interés, la esperanza y la pasión por la iglesia como pueblo. Ruego al Señor que se digne usar estas meditaciones para cumplir su propósito soberano en nosotros su pueblo.

Dos

Nuestro Padre tiene una familia grande

El apóstol Pablo debe haber sido como el joven pastor que respondió que no sabía, cuando se le preguntó cuántas ovejas tenía bajo su cuidado. El inquisidor, sorprendido por la ignorancia del joven y por su aparente indiferencia, lo retó diciéndole que debiera ejercer mayor responsabilidad en el cuidado de las ovejas bajo su cargo. El pastor le replicó que, aunque no conocía a sus ovejas por número, ¡las conocía a todas por nombre!

Hace años, al leer la epístola de Pablo a los romanos, recuerdo que me quedé impresionado por el último capítulo. Allí el apóstol pide a su corresponsal que comunique sus saludos personales a Priscila, a Aquila, a Epeneto, a María, a Andrónico, a Junias, a Amplias, a Urbano y a muchos más. Con la mención de cada nombre Pablo añade un comentario personal que indica el lugar especial que ocupaba esa persona en su memoria.

No sólo en Roma gozó de relaciones estrechas. Ese trato especial y cariñoso a las personas es una característica que aparece también en sus otras epístolas: a los corintios, a los filipenses, a los colosenses, a Timoteo y a Filemón. En todas las cartas de Pablo observamos esta relación, sea ella implícita o explícita.

En mis lecturas previas de la Biblia, mi práctica común era saltear las listas genealógicas, pues esas largas listas de nombres me resultaban onerosas, especialmente cuando contenían nombres extraños y difíciles de pronunciar.

Pero esta vez, al leer Romanos, capítulo 16, de pronto se me ocurrió que para Pablo eso era más que una lista de nombres. ¡Cada una de esas personas ocupaba un sitio especial en el corazón del apóstol! Todas estaban entretejidas en el género de su propia historia. Nunca más serían meros datos en un censo local. Una experiencia en común con Jesucristo había ligado el destino de cada uno con el de Pablo para siempre.

Comencé a darme cuenta de que Pablo nunca pensaba de la iglesia o de sus actividades misioneras en términos simplemente estadísticos. Cada persona involucrada era un protagonista real. No puedo imaginar a Pablo como una persona descuidada, sin interés en llevar cuentas ordenadas, pero tampoco lo veo como un simple administrativo tratando los datos como si tuvieran más importancia que las mismas personas. Sea que se tratara de un enemigo engañoso, un ex colega desviado o un discípulo amado, cada uno tenía un valor personal para Pablo.

Hay mucha evidencia de que Pablo conocía a los integrantes de la iglesia por sus nombres. Es así con la familia de uno. Es así también cuando se vive en comunidad.

Cuanto más personales son las relaciones, más nos involucramos los unos con los otros. Las relaciones particulares y personales constituyen una característica de la conciencia comunitaria. En cambio, el individualismo — independencia y egoísmo — tiende a disgregar la vida en comunidad.

Cada uno adquiere su sentido de estima propia del flujo de sus relaciones con otras personas. Una clara conciencia de ser aceptado en la familia de Dios, y de ser participante activo en un contexto social mayor, provee tanto felicidad como esperanza, un fuerte incentivo para contribuir al enriquecimiento de esos lazos.

Conocerse, apreciarse y respetarse los unos a los otros es vital para el proceso mutuo de edificación en Cristo. Desafortunadamente, esta faceta a menudo se pierde de la vista de aquellos que prefieren poner todo el énfasis en sólo conocer a Dios. ¡Como si fuera posible conocer a Dios sin conocer su familia!

UN SER SOCIAL

Cuando Dios creó al primer ser humano, éste no apareció sólo por la palabra divina. ¡Dios mismo lo formó de unos ochenta kilogramos de barro! Los ángeles deben haberse maravillado ante el hecho estupendo. Seguramente se preguntaron, "¿Cómo será esta nueva creación? ¿Qué nombre le dará Dios?", pues hasta entonces, este ser sólo era conocido en la mente de Dios.

No es posible determinar exactamente en qué momento Dios comenzó a hablarle, pero debe haber sido tan pronto como sopló en sus narices el aliento de vida. El creador lo llamó *Adán*, que significa *hombre*. Ese nombre fue más que una etiqueta de identificación. Con él Dios le asignó su carácter, su naturaleza, sus capacidades y limitaciones, su habilidad, su responsabilidad y su dignidad.

Adán fue *alguien*, una persona real que conocía a Dios, tenía conciencia de su persona y estaba capacitado para conocer el mundo en derredor, como también para ejercer dominio sobre él. La Biblia lo llama "hijo de Dios" (véase Lucas 3:38), queriendo decir que fue hecho por Dios y a la imagen de Dios (véase Génesis 5:1). El hombre no fue un simple producto del desarrollo evolucionista.

Sea que Adán tuviera un apellido o no, lo cierto es que tenía un padre. Era parte de la familia de Dios. Gozaba de una herencia paterna, de honor y dignidad familiar. Todo esto lo recibió de Dios, su padre y creador. Además, Dios tenía interés en que Adán reconociera y ejerciera una responsabilidad cabal hacia las generaciones sucesivas.

Luego de hacer al hombre, Dios contempló la nueva situación. Faltaba algo. Faltaba *alguien*. Adán — por más que tuviera una relación viva con su creador y con otras criaturas del mismo creador — estaba solo. ¿Se dio cuenta Adán de eso? Debe haber sentido una profunda satisfacción con sólo gozar de la comunión con su Dios. Seguramente, eso hubiera sido suficiente. ¿O no? ¿Qué más podría querer? ¡Qué sorpresa había preparado Dios para Adán!

Abreviemos el protocolo: Dios trató a Adán cuando él menos lo esperaba, lo anestesió y lo operó. Sacó de Adán lo que de allí en más se convertiría en un complemento necesario para el desarrollo de su vida en la tierra.

Al despertar, ¡comenzó su vida social!

LA CREACIÓN Y LAS RELACIONES SOCIALES

Uno de los puntos más importantes establecidos en el relato de Génesis sobre la creación del hombre es el hecho de que Dios es el autor y el Señor de la estructura social. Él es quien determina la naturaleza de las relaciones humanas. La necesidad que los seres humanos tienen los unos de los otros es un atributo incorporado en la naturaleza humana por el mismo creador. Nunca llegaremos a ser lo que fuimos diseñados para ser sin que contemos los unos con los otros.

Muchos de nosotros, pensando que nuestros problemas básicos proceden de otras personas o de la sociedad en general, procuramos "arrepentirnos" de nuestra naturaleza humana y de nuestras relaciones sociales y esperamos que Dios nos libere de esas ataduras y nos traslade a la vida en un plano etéreo e individualista: "Jesús y yo, y nadie más", como dice la canción.

¡De ninguna manera! El eterno propósito de Dios para el hombre incluye la convivencia con otros seres humanos. Jesucristo es el ejemplo perfecto. A través del nacimiento y el sufrimiento humano, está eternamente unido con la raza humana, a fin de "llevar muchos hijos a la gloria" (véase Hebreos 2:9–18). De esa manera Dios nos ha ligado los unos con los otros para siempre. Los seres humanos, sea en su estado natural (perdidos) o redimido, siempre tendrán que enfrentarse con el asunto de las relaciones sociales.

No sólo hizo Dios un hombre del barro, y después una mujer del hombre; luego ¡les entregó la tarea! Cuando Dios los unió en una sola carne, les encargó la responsabilidad de extender la raza humana en toda la tierra.

Si el Señor hubiera tenido interés sólo en una población numerosa, bien podría haber repetido vez tras vez el proceso recién concluido. Así podría haber acelerado el proyecto grandemente, y quizá podría haber incrementado sus posibilidades de lograr un "vencedor".

De hecho, nada de eso sucedió, ni podría haber sucedido. Dios siempre obra de acuerdo con su propósito predeterminado y con sabiduría y presciencia perfectas. El punto medular en la historia de la creación del hombre es que *Dios estaba formando una familia*, no simplemente una multitud de individuos aislados. Desde el principio, las Escrituras aclaran que la familia — iniciada por un pacto matrimonial — es el elemento estructural básico de la sociedad.

Todo esto ocurre por mandato divino previo a la caída y rebelión del hombre. Y el principio permanece válido aun después del pecado.

Veamos con claridad, entonces: el punto fundamental es que *el hombre es un ser social*. Toda su vida está imprescindiblemente involucrada con otros. No puede eludir sus compromisos personales y sociales. Es esencial que nuestros pensamientos sean claros y que nuestra fe esté bien enfocada con respecto al tema de las relaciones sociales.

DIOS Y SU FAMILIA

Dijimos que Dios está formando una familia. Esto implica que él es un Padre. Analicemos este asunto un poco más.

La paternidad de Dios es una faceta medular de su naturaleza, tal como es una realidad fundamental y eterna el hecho de que Cristo Jesús es el Hijo de Dios. Sin embargo, la paternidad de Dios no se limita a su relación con la segunda persona de la divina Trinidad. En la Biblia, Dios se presenta como el padre del mundo y de todo lo que en él está, del creyente individual, de la nación de Israel y de todas las bendiciones y realidades espirituales. Su naturaleza es ser padre.

Desde el principio Dios determinó tener una familia, un pueblo para sí. Así es que tomó él la iniciativa, hizo la primera pareja y los unió en matrimonio santo. Luego, siguió obrando a través de las relaciones familiares. Salvó a Noé y su familia del juicio divino sobre la tierra. Reveló a Abraham su intención de hacer de él un padre de muchas naciones, como también padre "de todos los que creen". Llamó a Israel "hijo mío" y formó sus doce tribus como un pueblo en el crisol de la aflicción en Egipto. La iglesia del Nuevo Testamento sólo puede ser apreciada cuando se la mira como el pueblo de Dios, unida en una relación familiar. Claramente, Dios ha determinado tener un pueblo para sí, y no se desviará jamás de ese propósito.

¿QUÉ ES UN PUEBLO?

Quizá parte del problema es que no tenemos una idea clara de lo que es un pueblo. El excesivo individualismo ha quitado de nuestro concepto algo vital, algo que sólo puede ser recuperado y apreciado cuando sentimos profundamente nuestra necesidad los unos de los otros, cuando trabajamos juntos para lograr una meta común.

Para muchos de nuestros contemporáneos, la iglesia se asemeja a un restaurante donde cada uno elige lo que más le gusta. Sin embargo, luego descubre que ha pagado un alto precio por esa gran libertad, pues encuentra que no hay intimidad, no hay compromisos sólidos, no hay atmósfera hogareña, no hay sitio donde permanecer cuando termina la comida. Sospecho que aquellos que vivieron en generaciones menos privilegiadas que la nuestra conocían mejor que nosotros lo que es comunidad y relación de pueblo. Quizá tenían menos opciones y definiciones pero gozaban de lazos más fuertes entre sí.

¿Cuáles son los elementos básicos que determinan la identidad de un pueblo? ¿Se trata simplemente de un grupo de individuos que a la vez comparten un mismo interés?

Si así fuera, entonces cualquier conjunto de músicos, atletas, políticos, teólogos o gremialistas sería un pueblo.

No, lo que tienen en común es más que un mismo interés. El término *pueblo* abarca la totalidad de la vida, todas las áreas, todas las etapas. Lo que tenemos en común no se limita a las actividades religiosas o los encuentros ocasionales. Más bien, *pueblo* define un estilo de vida, una filosofía, una cosmovisión. Ser pueblo involucra una relación total de compromiso mutuo. No es una mera cuestión de sentimiento o impulso.

El pueblo comparte raíces en común. Los que conforman un pueblo gozan de una misma historia. Reconocen los mismos próceres, los fundadores del pueblo, los patriarcas. Tienen una misma herencia y tradiciones en común. Se han formado con los mismos conceptos éticos. Tienen una misma cultura, una forma de vida social en común, sobre las cuales existe un consenso desde hace mucho tiempo. Hay una misma identidad que une a todos. Los integrantes se ven como miembros de su pueblo, por encima de cualquier otra identidad.

DIOS FORMA SU PUEBLO PROPIO

Dios se refirió primero a los descendientes de Abraham como su pueblo cuando comisionó a Moisés a presentarse ante el Faraón para exigir su liberación (véase Éxodo 3:7ss.). Así el Señor rechazó el reclamo del Faraón a los israelitas de que eran sus vasallos. Una vez liberados, Dios estableció una relación sólida con ellos basada en un pacto (véase Éxodo 19:3–6), que luego confirmó y amplió antes de hacerlos entrar a la tierra prometida (véase Deuteronomio 26:16–19). Según este pacto, ellos serían su pueblo y él sería su Dios.

En realidad, todo el libro de Deuteronomio tiene como tema principal el pueblo de Dios. Allí se plantean detalladamente los términos que relacionan a Israel como pueblo y Yahveh como su Dios. Los términos hebreos *'am* (pueblo) y *'ammi* (mi pueblo) se usan frecuentemente con referencia al parentesco y a los demás aspectos que unen a un conjunto de personas como pueblo. El pueblo en pacto con el Señor ha de ser un pueblo unido pero, en la visión profética, esta unidad va más allá de los descendientes físicos de Abraham. Incluye a los gentiles que se unen a la misma relación pactada por el Dios de Israel (véanse Isaías 19:23–25; Salmo 87).

En el idioma griego del Nuevo Testamento, la palabra que equivale a *pueblo* es *laos*, aunque a veces se emplea la palabra *etnos*. La primera se encuentra poco en la literatura clásica, y llegó a significar pueblo ordinario, gente llana, población. En una comparación de las dos palabras, H. Bietenhard sugiere que *laos* podría interpretarse como un grupo formado deliberadamente, y *etnos* como un grupo natural ligado por eslabones de "clan" y por ancestros comunes.[1] *Laos* se encuentra en la Septuaginta unas dos mil veces, generalmente como equivalente de pueblo de Dios.

La misma palabra ocurre 141 veces en el Nuevo Testamento. En muchos casos se refiere al pueblo de Israel, aunque también a la iglesia: "Dios visitó por primera vez a los gentiles (*etnón*) para tomar de ellos pueblo (*laon*) para su nombre" (Hechos 15:14). Pablo justifica esta interpretación al escribir a los romanos (9:24–26), donde cita al profeta Oseas (2:23 y 1:10) que había señalado que Dios declaró que llamaría "pueblo mío al que no era mi pueblo".

Otra referencia importante se halla en Tito 2:14, donde Pablo afirma que Jesucristo "se dio a sí mismo por nosotros para redimirnos de toda iniquidad y purificar para sí un pueblo propio, celoso de buenas obras". También en 1 Pedro 2:9 vemos que los redimidos se identifican como "linaje escogido, real sacerdocio, nación santa, pueblo adquirido por Dios". Estos pasajes parecen proceder del lenguaje que se usa para referirse a Israel en Éxodo 19:5 y Deuteronomio 7:6 y 14:2.

Estas y otras referencias que unen el concepto de Israel como pueblo de Dios en el Antiguo Testamento y el de iglesia como pueblo del nuevo pacto indican que Jesucristo, como el Mesías prometido de Israel y como Señor y cabeza de la iglesia, constituye el punto de unión. Él cumple las promesas y profecías del Antiguo Testamento, y conduce a un remanente de Israel hacia una relación viva y salvadora con su Padre celestial, formando así el pueblo de Dios del nuevo pacto.

A esta comunidad inicial se añaden multitudes de redimidos gentiles que se integran sobre la misma base y gozan de la misma relación con el Padre. Entretanto, la mayor parte de Israel permanece en la ceguera y la rebelión. El apóstol Pablo lamenta profundamente el rechazo del Mesías por parte de sus compatriotas (véase Romanos 9:1–5), pero anticipa el día cuando, como nación, ellos abrazarán a su rey y así integrarán nuevamente el pueblo de Dios (11:25–32). Este acontecimiento aún futuro se interpreta como una mayor riqueza para los creyentes gentiles que ya están integrados al pueblo y como un motivo de gozosa celebración (11:11–16).

UN SENTIDO DE COMUNIDAD

Ya vimos que la unidad social elemental es la *familia*. Y acabamos de referirnos al contexto social mayor que es el *pueblo*. Pero precisamos algo entre estos dos puntos: algo más grande que la familia y más localizado y personal que el pueblo. Es aquí donde vemos la importancia de la *comunidad*. Para nuestro propósito usaremos el término *comunidad* para referirnos a ese círculo de relaciones permanentes, comprometidas y personales ("cara a cara"), más allá de la familia. Estas relaciones trascienden las diferencias de opinión o de temperamento. Para ser relevante y duradera, la comunidad tiene que estar fundamentada en las cualidades que caracterizan al pueblo.

Usada de esta manera, la palabra *comunidad* debería referirse a nuestra experiencia de la iglesia o la congregación de creyentes. Pero en la experiencia de muchos cristianos contemporáneos, falta el elemento aglutinante. Para la mayoría de los creyentes actuales, la relación con otros hermanos en la fe no trasciende la asistencia a las reuniones. Serían necesarios, entonces, cambios importantes en la iglesia en el sentido tradicional, como también cambios en nosotros en forma particular. Las amistades sinceras, caracterizadas por una verdadera preocupación de los unos por los otros, deben reemplazar los contactos ocasionales y formales que pocas veces llegan a ser más que superficiales. Estamos apuntando a una mejor comprensión de la naturaleza del *pueblo*, a fin de poder implementar esa comprensión en nuestra experiencia de la *familia* y la *comunidad*.

Familia es la relación social más básica. Constituye el nivel más íntimo y comprometedor de la vida en comunidad. Si funciona bien, provee los beneficios más grandes y placenteros de la vida compartida con otros. Si no funciona bien, puede producir los efectos más devastadores en sus integrantes. Pero sin la conciencia del marco mayor del *pueblo*, y una fuerte y satisfactoria experiencia de la vida en *comunidad*, la familia sufrirá severas presiones sociales, porque el mundo en derredor tiende a desintegrar la vida social. Estas presiones tienen el efecto de debilitar y hasta destruir los compromisos mutuos que existen dentro de la estructura familiar. Donde haya una clara conciencia de conformar un pueblo y una activa participación con otros en una relación comunitaria, estos elementos sirven para ratificar y fortalecer la estructura de la familia.

Dios siempre ha estado ocupado en formar un *pueblo* para sí en la tierra. Y según la Biblia, él es el diseñador y sustentador de la *familia*. La convivencia en *comunidad* es el lazo práctico entre estos dos, que surge como consecuencia de la relación social entre familia y pueblo. Estos tres círculos de relación son vitales en el desarrollo del propósito redentor de Dios.

UN MARCO MAYOR

Es obvio que hay un renovado interés hoy en la iglesia — y aun fuera de ella — en descubrir de nuevo los valores de la vida en comunidad. Aunque la religión como espectáculo, profesionalismo y negocio siga en evidencia, con su característico énfasis en el individualismo, muchos cristianos están buscando — y hallando — una identidad social más clara y una experiencia agradable, en relaciones más profundas y en el servicio mutuo. A pesar de la naturaleza indefinida y tentativa de algunas de estas experiencias comunitarias, y aun a pesar de las consecuencias desafortunadas de casos aislados de conducta inescrupulosa u ofensiva, sigue creciendo este interés.

Pequeños grupos caseros (y algunos no tan pequeños) se reúnen regularmente en todo el mundo para orar, estudiar las Sagradas Escrituras y gozar de la comunión cristiana, a veces con la aprobación eclesiástica y otras sin ella. *Discipulado* es una palabra muy usada en esta generación, por haber enfocado la atención de millones de cristianos en la necesidad de compromisos mutuos, entrenamiento específico y personal, objetivos definidos y el reconocimiento de la vitalidad espiritual de todos los creyentes, sin distingos. La renovación de la iglesia, desde distintos ángulos y en sus diferentes formas, es un tema candente en todos los círculos cristianos.

Es importante que comprendamos que a menos que estas experiencias sean consideradas dentro del marco mayor de la conciencia de pueblo, fácilmente pueden tornarse en elementos que dividen, frustran o simplemente distraen. Precisamos una visión clara del propósito panorámico del Dios que forma un pueblo a través de todas las generaciones y en toda la tierra. Tal visión proveerá el marco de referencia que dará sentido y cohesión, esperanza y vitalidad a la conciencia creciente del despertar espiritual. Tal visión servirá para orientar los esfuerzos valiosos que procuran una experiencia mayor de la iglesia como comunidad.

Consideremos ahora el desarrollo del propósito de Dios en la historia de Israel, y luego en la vida de Jesús y de la iglesia primitiva.

---

1. Véase Colin Brown, ed. *The New International Dictionary of New Testament Theology*, Vol. 2 (Grand Rapids, MI: Zondervan Publishing House, 1979), pp. 795–800.

Tres

¡Deja ir a mi pueblo!

Tenemos un amigo de origen uruguayo que es un ejemplo extraordinario de padre. Su madre tenía gran compasión por los pequeños desamparados, y cuidaba en su hogar a niños asignados por el Consejo de Niños del gobierno. Es evidente que mi amigo heredó el mismo interés de su madre, pues al iniciar su ministerio pastoral, acostumbraba proveer comidas para los niños del barrio.

Con el tiempo observó que algunos sufrían por la falta de un hogar, y esto lo motivó a abrir el suyo para criarlos. En el momento de casarse, ya tenía varios "hijos" criados de esta manera. Luego, al descubrir que él y su esposa no podían tener hijos propios, decidieron adoptar a los que necesitaban padres. A lo largo de los años adoptaron y criaron a diecisiete hijos, todos adultos al momento de escribir estas líneas. Con mi esposa hemos conocido a varios de ellos y estamos impresionados por su comportamiento, su claro sentido de identidad en la familia y su evidente desarrollo personal y social.

Cuando años más tarde decidió seguir sus estudios teológicos en los Estados Unidos, se presentó en el consulado para solicitar la visa correspondiente. Al entrevistarlo el cónsul, éste quedó impresionado por la cantidad de hijos que tenía. Le dijo que él también procedía de una familia numerosa y que era el vigésimo primero de los hijos, todos adoptivos. Conmovido por su gran compasión, le anunció que se le concedía la visa para él, su esposa y los diecisiete hijos. ¡Parece que Dios favorece a los que tienen gran corazón de padre!

Ya hemos visto que nuestro Dios es un Padre y que quiere tener una familia grande. ¿De qué manera inicia su soberano propósito? ¡Comienza con una familia!

Con un solo acto de creación, Dios involucró a la primera pareja en su soberano propósito. De allí en más, todos los seres humanos que alguna vez poblarían la tierra, surgirían de esta unión. ¡Qué gran responsabilidad!

¡Y bastante riesgosa, podríamos agregar, al menos desde el punto de vista humano! Decidir depender tanto de la obediencia como de la colaboración de esa primera pareja — y a la larga de toda su descendencia — parecería comprometer la posibilidad de que Dios realizara su propósito.

Criar una familia es un proceso lento y lleno de dificultades. El hecho de que Dios determinara que la evolución de su propósito en la tierra dependiera del desarrollo de la familia, con su fragilidad y riesgos, nos da una idea de su visión y su paciencia infinita. Ha iniciado así algo que le llevará generaciones para completar.

¿Un proceso muy extenso? Sí, definitivamente. Pero estamos contemplando algo más allá del tiempo que pasa. Nos estamos refiriendo a la continuidad de las generaciones sucesivas, una red social que provea cohesión entre los protagonistas. Esta continuidad y cohesión son elementos esenciales en el programa divino.

Sin embargo, si esperamos encontrar en el relato bíblico familias perfectas que se muevan con firmeza hacia una meta predeterminada con buena disposición de colaboración, nos vamos a quedar desilusionados. Lo que encontramos son familias con fallas y seres humanos desventurados. Estos son conducidos por el Dios soberano y compasivo en una operación cósmica de rescate que enfrenta dificultades asombrosas. No obstante, cuando se acabe, brillará la maravillosa fidelidad del Dios que hace y guarda pactos y que triunfa pese a la infidelidad humana.

Comprendemos entonces que Dios tiene el firme propósito de tener un pueblo para sí. Y si él quiere tener un *pueblo*, no hay otra manera de empezar que con una *familia*.

PROYECTO FAMILIAR

¡Sin embargo, la familia de Adán no queda tan bien como hubiéramos esperado!

Por varias generaciones la sociedad humana parece desbocada, excepto por un ser singular: Enoc. Éste se destaca como un centinela solitario, un hombre de fe en Dios, aun cuando no logra hacer una contribución excepcional a la estructura social. A la larga, Dios decide borrar la población humana que se ha corrompido más allá de la posibilidad de rescate. *¡Casi!*

Al contemplar el escenario desolado, Dios encuentra un hombre que no se ha contaminado como los demás. Noé es un ejemplo notable en medio de su contexto:

> Era un hombre muy bueno, que siempre obedecía a Dios. Entre los hombres de su tiempo, sólo él vivía de acuerdo con la voluntad de Dios.
>
> Génesis 6:9

En el versículo siguiente descubrimos que era un hombre de familia, con tres hijos varones. La tarea que le fue asignada se convierte en un proyecto familiar que dura muchos años. Finalmente, al completarse, los únicos que suben al arca son su crecida familia: el padre con sus tres hijos, cada uno con su respectiva esposa. De nuevo, como al principio, Dios reafirma su compromiso con la familia humana como el medio que habría de usar para formar un pueblo.

Al final, el diluvio no sirvió para hacer muchos cambios duraderos en la sociedad. Los hombres siguen dando la espalda a Dios y también, los unos a los otros. Vez tras vez la situación parece degenerarse hasta la desesperación. Muy poco del valor moral o espiritual se transmite a las generaciones sucesivas.

Una falla importante aparece en la mayoría de los padres: son inconscientes, incapaces o no dispuestos a asumir sus responsabilidades con respecto a sus hijos en sus años de desarrollo. Es evidente que el pecado y la rebelión contra Dios producen un individualismo egoísta y un divorcio entre los intereses personales y las responsabilidades hacia la generación siguiente. Sin unidad y continuidad social, no puede haber un genuino sentido de pueblo, sólo una multitud de individuos disociados.

UNA PATERNIDAD RESPONSABLE

En Ur de los Caldeos, Dios toma una decisión soberana: llama a Abram, junto con Sara su esposa estéril, a dejar una sociedad idólatra. Como de costumbre, Dios elige una situación improbable, carente de esperanza humana, a fin de exaltar su propio poder y propósito, su amor y fidelidad.

A decir verdad, el nombre de Abram — que significa "padre exaltado" — parece ridículo, si consideramos que en ese entonces él no tenía hijos. Sin embargo, más adelante Dios da un paso más hacia lo absurdo; cambia su nombre y lo llama Abraham, una forma más enfática, ya que quiere decir "padre de una multitud". Debemos recordar que cuando esto ocurrió, todavía nada había cambiado. Abraham y su esposa seguían sin descendencia. Con todo, ¡Dios aumenta las apuestas!

Con esta acción, el Señor subraya la estrecha relación existente entre la fe y la paternidad como principios básicos de la redención y el cumplimiento de su propósito en la tierra.

Sin una paternidad responsable, se reduce el desarrollo de la raza humana a través de las generaciones a una repetición de nuevos comienzos, sin la conciencia de un patrimonio común y sin la ventaja que podría surgir de la sabiduría social acumulada. Obviamente, si una generación no tiene lazo vital y efectivo con la anterior, tampoco forjará un lazo íntimo con su propio contexto social. De la misma manera como cada generación tiene que contar con la siguiente para realizar sus sueños y explotar lo que se ha descubierto o iniciado, así también la generación subsiguiente encuentra su identidad y punto de partida en una relación efectiva con la anterior. Si no existen tales lazos, el progreso pierde su empuje. No perduran valores más allá de los que se forman en la experiencia personal.

El Señor soberano establece un pacto con Abraham, al prometerle una tierra, una descendencia numerosa, la protección divina y una influencia perdurable en la fe de todos aquellos que invocan el nombre del Señor. El pacto se reafirma luego para con su hijo Isaac, y más tarde se renueva con su nieto Jacob, cuyo nombre se cambia a Israel, después de su encuentro con Dios en Peniel.

Jacob, por cierto, dista de ser un padre modelo. Sin embargo, Dios subraya repetidamente su elección de esta familia fallida al darle doce hijos varones. Su historia, larga y variada, confirma la fidelidad inquebrantable de Dios a los términos del pacto, aun cuando no disimula su desagrado por el comportamiento infiel y perverso de Israel.

Israel y sus descendientes se liberan del hambre, gracias a la generosidad del Faraón de Egipto. Esta bondad salvadora se cumple mediante la acción del primer ministro del Faraón, quien resulta ser José, el hijo favorito de Israel, perdido por largo tiempo por la traición de sus otros hijos mayores. Al reunirse luego en Egipto, la familia goza del favor del Faraón hasta que le sucede en el trono otro gobernante que desconoce el reconocimiento anterior de Israel como "nación más favorecida".

Esta nueva situación sume a los descendientes de Israel en un gran infortunio y, a la larga, en la esclavitud bajo el yugo de Egipto. Los siglos sucesivos de sufrimiento y agonía sirven, no obstante, a los intereses divinos pues, en el proceso, Israel queda reducido a una dependencia total de la misericordia de Dios.

Pero no le es fácil encontrar un fundamento firme para edificar una fe confiada, hasta que Moisés recibe su llamado transformador a los ochenta años de edad en una loma del desierto donde pastorea a sus ovejas. Luego, Dios se mueve contra el Faraón con juicio y gran poder, hasta que éste se ve obligado a soltar de su esclavitud a todos los israelitas. Pero no sin antes entregarles las joyas y riquezas de Egipto. El juez justo del universo exige así a los amos arrogantes pagar una indemnización apropiada a aquellos a quienes por tanto tiempo habían oprimido y explotado.

Este pago compensatorio seguramente fue más significativo para los israelitas que una mera indemnización económica. Sirvió para restaurar su sentido de dignidad y autoestima. No huyeron como fugitivos; fueron recompensados y despedidos sin ningún cargo en su contra. Por primera vez en su memoria fueron tratados con justicia y honor. De esa manera se realzó su conciencia de ser un pueblo especialmente favorecido por Dios.

EMERGEN ESTRUCTURAS SOCIALES

A lo largo de cuarenta años de peregrinación en el desierto comienza a aparecer un marco social equitativo, por lo menos en conceptos. Dios liga a Israel consigo por medio de un pacto y luego les enseña a convivir como pueblo. Antes de entrar a la tierra que les había sido prometida, son instruidos con respecto a temas sociales como el derecho de la propiedad privada, el pago de las deudas, el gobierno civil, la justicia civil y criminal y el trato debido hacia los extranjeros. Las leyes sobre la distribución de la tierra, la sucesión y la herencia y la cancelación de las deudas en ciertas fechas regulares, todas, fueron diseñadas para evitar, por un lado la acumulación de fortunas abultadas y, por otro lado, la pobreza desesperante. Al permanecer la propiedad en una misma familia por generaciones sucesivas, se garantizaba el honor y la equidad.

Una estructura religiosa detallada fortalece su identidad nacional, como también su relación con Dios. Este cuadro singular incluye un sacerdocio establecido en todas partes de la nación, un solo santuario donde se revela la presencia de Dios, fiestas anuales regulares en las cuales

Israel recuenta las intervenciones de Dios en su historia, leyes sabáticas y una práctica religiosa por la cual la gente tiene acceso a Dios, a fin de confesar sus pecados, solicitar su socorro y adorar su nombre santo.

La estructura familiar en Israel recibe un refuerzo especial. La nación es advertida de no emular las prácticas corruptas y abominables de las naciones en derredor. La santidad del pacto matrimonial se enfatiza con claridad, como también la responsabilidad del padre en todo hogar hebreo. Los padres son responsables tanto por la instrucción religiosa como por la disciplina necesaria de sus hijos.

El lugar prominente que se concede a los jefes de las familias evoluciona como una fuerte estructura patriarcal en toda la sociedad hebrea. El gobierno de las aldeas descansa por lo general en los hombros de los ancianos reconocidos, las cabezas de las familias respetadas de la comunidad. Este sistema procura proveer estabilidad y una prosperidad compartida que, a su vez, abre camino hacia un futuro promisorio.

Así se proyecta un marco bien definido y realista para que Israel tenga la conciencia de que es un pueblo, tanto frente a las responsabilidades cotidianas como en los días y años por venir. También sirve como referencia para evaluar su pasado. Semejante cosmovisión, aplicada consistentemente, era capaz de proveerles una vida plena y satisfactoria y la conciencia de que transmitirían a las generaciones por nacer un patrimonio de gran valor, un legado para el futuro.

IDEALISMO Y DECADENCIA

Para nuestro asombro, sin embargo, descubrimos que aun antes de terminar la conquista de la tierra de Palestina, ya hay señales inquietantes de decadencia: corrupción moral espantosa e idolatría crasa. Josué termina este período con un clamor apasionado, apelando a sus compatriotas a elegir definitivamente a quién van a servir. El anciano guerrero y estadista resume su propia afirmación de lealtad al Dios que hizo pacto con Israel, haciendo una declaración de fidelidad de parte de su familia:

> Si no quieren servir al Señor, elijan hoy a quién van a servir: si a los dioses a los que sus antepasados servían a orillas del Éufrates, o a los dioses de los amorreos que viven en esta tierra. Por mi parte, mi familia y yo serviremos al Señor.
>
> Josué 24:15

Por lo que leemos de la historia subsiguiente de Israel, el diseño divino se parece más a un plan idealista que a la práctica y la realidad. Con la excepción de muy breves períodos, y casi siempre por instancias aisladas, Israel nunca abraza con fe su sublime vocación. Interpreta mal los tratos de Dios, abusa de su generosidad, se prostituye ante los ídolos caseros y las horribles prácticas de los paganos, ofende repetidamente la justicia y santidad divinas, desobedece sus decretos y se vuelve sordo ante sus mensajeros. Al parecer, presume que el Dios de Israel es como los baales honrados por los renegados en su medio: sordo o indiferente con respecto al comportamiento de los que le rinden honores sólo con sus labios. Los israelitas logran vivir un divorcio práctico entre la confesión de su credo y la vida cotidiana en casa y en la calle.

Finalmente, el Señor se harta de su idolatría, sus ofensas y sus burlas. Después de muchas advertencias y llamados al arrepentimiento, Dios se convierte en su contrincante, y los entrega en manos de sus enemigos paganos e inescrupulosos. En primer lugar, el reino del norte cae ante Asiria, y un siglo y medio después, el reino del sur sucumbe ante Babilonia. Pero Dios no ha terminado aún con su pueblo; no está dispuesto a abandonarlos completamente. Retándolos por su descuido y su infidelidad, les recuerda de su propia fidelidad. ¡El Dios de Israel a la larga triunfará!

Frente al exilio babilónico, Jeremías, el profeta llorón, afirma que Dios el Señor aún tendrá un pueblo propio. En los términos del nuevo pacto que hará con Israel y Judá, él asumirá no sólo su parte del pacto; ¡la otra parte también la asumirá! He aquí la promesa:

> Esta será la alianza que haré con Israel en aquel tiempo: Pondré mi ley en su corazón y la escribiré en su mente. Yo seré su Dios y ellos serán mi pueblo. Yo, el Señor, lo afirmo.
>
> Jeremías 31:33

¿Quién puede entender la profundidad del amor, paciencia y tristeza desplegados aquí? ¿Quién puede sondear la abundancia de su gracia y su propósito elaborado con misericordia y bondad? ¿Quién todavía mantendría una esperanza por la humanidad tan desviada?

El registro vergonzoso de la historia de Israel está a la vista de todos. Pero hagamos una pausa antes de descartarlos como renegados sin esperanza. ¿Esta raza de personas fue peor, o aun distinta, de cualquier otra raza en su capacidad de rebelión y perversidad? . . . Con solemnidad debemos examinar nuestros propios corazones e intenciones. ¿Quién podría considerarse merecedor de la gracia tan magnífica e insistente de Dios?

Es fácil impresionarnos con los desvíos notorios del pueblo de Dios. Pero no debe ser ésta la impresión que predomine cuando leemos la historia de Israel. ¡Cuánto mejor llenar nuestra vista con el compromiso incansable del Dios que guarda pacto con los suyos y cumple su propósito! Aun al cerrar el Antiguo Testamento, cuando el pueblo de Israel está desparramado entre las naciones, y caduca toda esperanza, excepto por un pequeño remanente terco, el Dios fiel de Israel, que nunca se apresura, se prepara para irrumpir entre las naciones con una luz brillante.

Aún sigue vigente su determinación de tener un pueblo que viva de la manera que él planeó, que se regocije en su misericordia y que responda ante su llamado a ser sus instrumentos de justicia en la tierra.

> El amor del Señor no tiene fin,
> ni se han agotado sus bondades.

Cada mañana se renuevan;
¡qué grande es su fidelidad!

Lamentaciones 3:22,23

Cuatro

Se renueva el antiguo tronco

*P*or fin aparece el que ha sido tan largamente esperado por la nación de Israel. El Dios que quiere un pueblo propio deja asombrados a los mismos seres celestiales con la grandeza de la manifestación de su gracia. Emanuel, *Dios con nosotros*, demuestra más allá de toda discusión el gran amor del Señor por los suyos.

Observemos la continuidad de los tratos de Dios; no hay ruptura con la historia pasada. Jesús nace en el seno de una familia israelita temerosa de Dios, es criado en la tradición de sus antepasados, que él aprende a amar y respetar, y frecuenta las fiestas anuales en Jerusalén con su padrastro José.

Consciente de que la religión judía se había vuelto mayormente mecánica y carente de sentido para muchos, Jesús no desprecia las ceremonias religiosas ni el estilo de vida prescripto para su pueblo. Él viene a ser el punto de transición entre el antiguo pueblo y el nuevo "Israel de Dios".

El apóstol Pablo explica este eslabón vivo en Romanos, capítulo 11, como el injerto de nuevas ramas en el tronco antiguo. Un remanente de israelitas fieles, en representación de la nación entera, se une a Cristo por la fe. Acto seguido, el nuevo Israel abre la puerta para incluir a los no judíos que responden con fe y son redimidos por la sangre de Jesús. El eterno y primogénito Hijo de Dios establece una relación filial entre sus discípulos y su Padre celestial. Así vienen a ser parte de la familia de Dios, de su pueblo.

UNA FAMILIA EN PLENO DESARROLLO

Esta conciencia de familia está subyacente en la relación entre Jesús y sus discípulos. Consciente y cuidadosamente, los relaciona como una comunidad, un grupo compacto hermanable de hombres con un mismo sentir. El proceso es lento, penoso y a veces frustrante. Pero finalmente, después de Pentecostés (Hechos cap. 2), estarán bien unidos como una sola cosa, patriarcas del nuevo pueblo de Dios.

Sería difícil dar demasiado énfasis a esos tres años de intimidad que Jesús vivió con sus doce hombres. Lo que ellos verían, aprenderían y experimentarían no sólo moldearía sus vidas futuras; también daría forma a la naciente iglesia. Ellos compartían todo con su Señor y los unos con los otros. Triunfos y pruebas, cansancio y descanso, tiempos de hambre y otros de refrigerio en medio de una amistad creciente. Esta experiencia en conjunto constituyó el aula de Cristo. Lo que aprendieron al convivir bajo la dirección del Señor fue el modelo que pronto marcaría el rumbo de la iglesia de Jesucristo, identificándola como el pueblo de Dios.

Jesús no despreció la estructura social básica ya establecida en Israel.

Enfatizó el valor de la familia.

Proclamó la permanencia del pacto matrimonial.

Habló del servicio como la expresión natural de una comunidad fundamentada en el amor.

Alzó su voz a favor de la integridad personal, la justicia y la rectitud.

Recordó a sus oyentes la importancia del perdón y del honor en las relaciones personales y sociales.

Escogió a doce hombres del contexto social típico — ninguno de los cuales tenía una preparación religiosa o académica especial — y les enseñó un estilo de vida con

Se renueva el antiguo tronco

elevados valores morales y espirituales. Su libro de texto fue su propia vida. Vivió con sus discípulos casi continuamente. Su enseñanza fue directa y personal. No parecía preocuparle que ellos recordaran cada detalle, bosquejo y nota de pie. Todo era dinámico y práctico. Tanto los fracasos como los éxitos de los discípulos se usaban como sesiones de aprendizaje.

Este fue el modo en que Jesús dio forma al estilo de vida de estos hombres; no se dedicó simplemente a entrenar un equipo de técnicos. Fueran ellos conscientes de eso o no, estaban recibiendo el patrimonio necesario para la formación de un pueblo que Dios habría de levantar en medio de las ruinas de una nación rebelde y decadente. Sería una comunidad cuyas fronteras se extenderían mucho más allá de las fronteras del antiguo Israel.

Aunque Jesús comunicó principios básicos y verdades formativas a los doce, no "cerró el libro" de su experiencia de aprendizaje. Más bien les enseñó a estar atentos a la guía del Espíritu Santo y a seguirlo en todo momento. Por el hecho de que no les dio reglas para enfrentar toda situación posible, los estuvo entrenando para mantener una estrecha relación espiritual con el Padre y una interdependencia los unos de los otros.

Justo antes de ser traicionado, Jesús celebró con los doce el antiguo sello del pacto divino con Israel: la Pascua. Al concluir la comida, tomó el pan y el vino que simbolizarían para los discípulos el propio cuerpo y la sangre de Jesús que pronto serían ofrecidos en el Calvario. Dio entonces a estos dos elementos el significado de sello de un pacto nuevo: "Esta copa es el nuevo pacto en mi sangre" (véase Lucas 22:20). Así puso el fundamento para el pacto largamente prometido al pueblo.

Luego, en su muerte y resurrección dio su propia vida a ellos de una manera que nunca habría sido posible mientras caminaba con ellos en Galilea. De allí en más, viviría su vida gloriosa a través de su pueblo.

EL ESPÍRITU SANTO RESIDE Y OBRA EN LA IGLESIA

En el libro de Hechos, Jesús cumple su promesa a los discípulos: les envía el Espíritu Santo. Este mismo Espíritu ahora asume el mando como jefe de los ejércitos del rey del universo.

Llama a quien quiere.
Convence de pecado.
Abre las prisiones.
Cierra los ojos de los rebeldes.
Vence la resistencia y todo argumento en contra del evangelio.
Revela la voluntad de Dios dada a los profetas.
Confirma la palabra y la obra de los apóstoles.
Hace maravillas.
Forma un pueblo.

Él es quien determina los objetivos y la agenda de la iglesia. Todos los discípulos deben cuidar su relación con él; todos deben estar atentos a su guía. Ya no es el privilegio de una clase especial de personas; es la experiencia común de todos los discípulos. La presencia del Espíritu Santo se convierte en la dinámica de este nuevo pueblo de Dios.

Los primeros creyentes se encuentran involucrados y comprometidos dentro del marco de una verdadera comunidad de fe (véanse Hechos 2:44-47; 4:32-35). Comen juntos y comparten sus bienes materiales. Perseveran y se animan mutuamente. La iglesia viene a ser como una colmena de actividades y experiencias entre todos. Multitudes se convierten al Señor y se involucran inmediatamente en este estilo de vida comunitario.

Los apóstoles predican y dan testimonio de la persona y obra de Cristo con gran poder y abundante gracia. Han sido investidos con la autoridad de Cristo y sobre ellos descansa la responsabilidad de orientar a este nuevo pueblo. Durante los primeros años todas las actividades de la comunidad giran en derredor de ellos. Y ellos saben lo que les toca hacer: ¡todo lo que Jesús mismo hizo y enseñó! Sanan a los enfermos, predican el evangelio del reino de Dios, echan fuera demonios, bautizan a los que se arrepienten y enseñan a los bautizados. Su misión quedó bien clara: formar un pueblo, forjar en los redimidos una identidad en común basada en su experiencia de la gracia de Dios y extender el reino de Dios por doquier.

UNA COMUNIDAD DINÁMICA Y ATRACTIVA

Al crecer la iglesia, surgen hombres estables, bien enseñados y fieles a la verdad que recibieron. Más tarde, algunos de éstos son reconocidos como ancianos o pastores, o aun como profetas o apóstoles. Todos son formados y enseñados en el ambiente atractivo de estas comunidades que, en su conjunto, constituyen el pueblo de Dios.

El gobierno y el funcionamiento de estas iglesias se realizan bajo la dirección apostólica. Esto es posible porque Jesús enseñó a estos hombres, por precepto y por ejemplo, a ser humildes, generosos, bondadosos, confiables y serviciales.

¡Con semejante relación vigorosa y un estilo de vida comunitario, el crecimiento y la expansión de la iglesia prácticamente está asegurada! Los discípulos son conocidos por su manera de vivir, su disposición de servir, su liberación del egoísmo, su amor, su generosidad, su unidad. La comunidad tiene un fundamento sólido y una sana enseñanza. Es atractiva por su estabilidad, su integridad y su testimonio en medio de una sociedad decadente. Cuando le toca sufrir bajo una persecución despiadada, ¡lo único que logran sus enemigos es una avalancha de expansión misionera!

Junto con esta expansión por medio de la persecución, los apóstoles extienden su accionar a otras ciudades, provincias y naciones, una vez que han afirmado la obra en Jerusalén. Antioquía, Éfeso y Roma llegan a ser nuevos centros de la obra del reino de Dios y, con el tiempo, nuevos centros también de persecución. Pero la onda expansiva sigue adelante.

Esta expansión, tanto forzada como espontánea, revela que había tal conciencia de pueblo entre los discípulos, que la diáspora no debilitó su sentido de identidad y vocación. Al principio, Cristo había impreso en sus apóstoles un fuerte sentido de comunidad, y ellos a su vez hicieron lo mismo en la iglesia primitiva.

Aparentemente, nada pudo amedrentar a estos creyentes del primer siglo.

Al principio, surgieron de un estrato social insignificante.

Sus líderes no eran hombres letrados.

Su Señor les había asignado una tarea casi imposible: ¡discipular las naciones!

Sin embargo, era tal su confianza en la victoria final que no temieron enfrentar toda clase de oposición. Ni la persecución más diabólica los atemorizó; nada logró desviarlos de su compromiso o de su confianza en que el reino de Dios un día llenaría toda la tierra. Cada dificultad sirvió para acercarlos más el uno al otro.

UN SOLO PUEBLO EN CRISTO

Pero no todo es fácil. Hechos capítulo 15 trae a luz un problema de fondo muy serio. Gran cantidad de gentiles abrazaron la fe y llenaron las filas de las comunidades cristianas. Éstas hasta hacía muy poco estaban compuestas casi completamente de judíos. ¿De qué manera deberían acomodar a los recién llegados? ¿Qué papel desempeñarían en la iglesia?

Los apóstoles y ancianos se reunieron en Jerusalén para considerar el asunto. ¿Deberían circuncidarse los gentiles, adoptando así las costumbres judías, además de su fe en Cristo? ¿Serían considerados ciudadanos de segunda clase en el reino de Dios? ¿Habría dos iglesias, o dos pueblos, uno judío y otro gentil?

La primera declaración del encuentro vino de parte de los judaizantes: "Es necesario circuncidar a los creyentes que no son judíos, y mandarles que cumplan la ley de Moisés" (Hechos 15:5).

Después de mucha discusión, Pedro se levantó para dar un testimonio. Todos los ojos se fijaron en el rudo pescador cuando recordó su experiencia en la casa de Cornelio: "Dios, que conoce los corazones, mostró que los aceptaba, pues les dio el Espíritu Santo a ellos lo mismo que a nosotros. Dios no ha hecho ninguna diferencia entre ellos y nosotros, pues también ha purificado sus corazones por medio de la fe" (15:8,9).

Luego hablaron Pablo y Bernabé, declarando las "señales y milagros que Dios había hecho por medio de ellos entre los no judíos" (15:12). Santiago, que parece haber sido el moderador de la asamblea, inició su conclusión recordando que "Dios favoreció por primera vez a los no judíos, escogiendo también de entre ellos un pueblo para sí mismo" (15:14). Cerró el argumento con un pasaje profético tomado de Amós 9:11,12.

¡Así se resuelve el asunto para siempre! Los cristianos judíos y los no judíos están en pie de igualdad, unidos eternamente como un solo pueblo en Cristo.

Observemos nuevamente la hermosa continuidad y consistencia: el testimonio del Antiguo Testamento combina perfectamente y apoya la experiencia de los apóstoles en los términos del nuevo pacto. El propósito de Dios de tener un pueblo propio encuentra su cumplimiento en la iglesia, donde se une judío y no judío, en Cristo. Afirmando esto, Pedro escribe luego a los cristianos judíos y gentiles:

> Pero ustedes son una familia escogida, un sacerdocio al servicio del rey, una nación santa, un pueblo adquirido por Dios.
>
> 1 Pedro 2:9

UNA CRISTIANDAD FUNDAMENTADA EN FAMILIAS

Como en el Antiguo Testamento, también en el Nuevo las familias fueron fundamentales para la estructura de la comunidad. "En las casas partían el pan y comían juntos con alegría y sencillez de corazón" (Hechos 2:46). Además, "todos los días enseñaban y anunciaban la buena noticia de Jesús el Mesías, tanto en el templo como por las casas" (Hechos 5:42).

Los primeros cristianos se orientaron como familias. Su extensión evangelística se dirigió mayormente a familias. Las primeras comunidades se construyeron en torno a familias comprometidas y amorosas, cuyos hogares estaban abiertos a toda la hermandad.

En realidad, simplemente actuaban de acuerdo con la enseñanza y el ejemplo de Jesús. Cuando él envió a los doce y luego a los setenta de dos en dos, los instruyó a buscar *hogares* receptivos y a que se hospedaran con *familias* dispuestas a recibir su testimonio (véanse Lucas 9:4; 10:5–7). Jesús presentó el evangelio a Zaqueo en su casa dando como resultado la salvación de su familia (véase Lucas 19:5–10). La familia entera de un oficial real en Capernaum se convirtió al Señor cuando Jesús sanó a su hijo (véase Juan 4:53).

Al extenderse el evangelio, se multiplicaron las conversiones de familias. Cornelio reunió a su familia, parientes y amigos cercanos, a fin de que Pedro les predicara el evangelio (véase Hechos 10:1–4, 24, 44). Todos los presentes, simultáneamente, fueron salvos y llenos del Espíritu Santo. Obviamente, a Dios le agrada hacer las cosas de esa manera, ¡pues Pedro ni había terminado su discurso cuando cayó el Espíritu Santo sobre todos ellos!

La conversión del carcelero de Filipos junto con toda su familia es uno de los casos más notables con respecto a la salvación de familias, mayormente por la insistencia de Pablo — ¡a la medianoche! — de predicar el evangelio a los demás miembros de la familia. Antes de amanecer el sol de un nuevo día, toda la familia se convirtió al Señor, se bautizó y compartió una comida (véase Hechos 16:29–34).

Los primeros convertidos a Cristo en Corinto fueron familias enteras (véanse Hechos 18:7,8; 1 Corintios 1:14–16; 16:15). Además, Pablo hace varias referencias a la familia de Aquila y Priscila que, aparentemente, él llevó a conocer a Cristo estando en Corinto. Su hogar vino a ser un centro de encuentro para la iglesia, sea en Corinto, Éfeso o Roma (Hechos 18:1–3; Romanos 16:3–5; 1 Corintios 16:19; 2 Timoteo 4:19). El apóstol aun pensó en llegar a la familia del emperador romano, y cuando escribió a los santos en Filipos, mencionó que algunos ya se habían convertido (véase Filipenses 4:22).

LOS UNOS SERVÍAN A LOS OTROS

Más allá del núcleo familiar, por lo visto, los cristianos desarrollaron espontáneamente un sentido de compromiso mutuo dentro de la hermandad. Su sentido de comunidad servía para moverlos a ayudarse, sostenerse, amarse y alentarse los unos a los otros y, cuando fuera necesario, exhortarse y retarse también. Su compromiso era profundo y amplio, no limitado a cierta área o a ciertos días de la semana. Incluía el trabajo, la salud, las necesidades materiales, el alimento espiritual, la vivienda y la ropa. Cuando los cristianos judíos en Jerusalén sufrieron una prueba económica de gran envergadura, los cristianos gentiles en las lejanas provincias y en otros países vinieron en su ayuda, todo como una expresión lógica y normal de su unidad en Cristo.

Esto no implica que no hubo excepciones. Sin duda, siempre habrá algunos inadaptados en derredor, como también algunos vagos, individuos sin escrúpulos o ambiciosos que aprovechan la bondad y generosidad de los demás. Ananías y Safira cometieron un engaño en Jerusalén (véase Hechos 5:1–11). La asamblea de los tesalonicenses tuvo que enfrentar a algunos de sus miembros que no querían trabajar (véase 2 Tesalonicenses 3:6–15). Otros buscaron la "preeminencia" en las congregaciones. Santiago se vio obligado a reprender a los ricos (¿cristianos?) por su indiferencia y opresión a los menesterosos (véase Santiago 5:1–6).

Con todo, las excepciones sólo sirven para confirmar la norma. En cada caso de conducta inaceptable o individualista, se afirma la lección de que las normas del estilo de vida cristiano son el amor fraternal, el servicio desinteresado y el compromiso mutuo, aun hasta el punto de dar la vida por el hermano.

A través de todo el Nuevo Testamento se destaca una norma de conducta y de testimonio entre el pueblo de Dios, que él usa para atraer a otros a la gracia y sabiduría divinas. Jesús expresó esta norma en los siguientes términos:

> Del mismo modo, procuren ustedes que su luz brille delante de la gente, para que, viendo el bien que ustedes hacen, todos alaben a su Padre que está en el cielo.
>
> Mateo 5:16

Cinco

Dios trabaja con el barro

El conjunto de metáforas que Jesús usó para referirse a la relación que sus discípulos tenían con el mundo en derredor — sal de la tierra, luz del mundo, levadura de la masa, y semilla de mostaza — señala una participación discreta pero dinámica en el contexto social mayor. Si lo tomamos en serio, el objetivo claramente enfocado es, ni más ni menos, la transformación de la sociedad.

Las Sagradas Escrituras ilustran que es responsabilidad tanto de los cristianos individuales como de la comunidad de los creyentes influir en la sociedad de tal manera que la aproxime a los propósitos santos y amorosos de Dios su creador y redentor. Esto implica que el papel de la iglesia en el mundo es ser modelo y catalizador del interés divino, como también el instrumento de su actuación en el mundo.

Para poder pensar en estos términos quizá sean necesarios algunos ajustes en nuestro marco mental de referencia. Muchos nos hemos acostumbrado a considerar a la iglesia y al mundo como contrincantes o elementos opuestos el uno al otro, de tal modo que nos resulta difícil imaginar a Dios obrando en el mundo. Nuestra óptica idealista y simplista de la iglesia, en muchos casos, nos ha condicionado a creer que todo lo que tiene valor está incluido en la iglesia y que más allá de ella nada tiene valor y todo es inútil. Casi nos olvidamos que "del Señor es el mundo entero, con todo lo que en él hay, con todo lo que en él vive" (Salmo 24:1).

La participación de Dios en el mundo es un largo y paciente proceso que abarca los siglos, entretanto que él se mueve con firmeza hacia su transformación final. De modo que podemos declarar en cualquier instancia: El Señor está presente; no ha abandonado su creación. Es así, aunque sea obvio que la meta final no aparece todavía en el horizonte.

Por cierto, algún progreso se ha hecho. Para negar eso, uno tendría que cerrar sus ojos a la evidencia de lo que los teólogos llaman la "gracia común" de Dios en el mundo.

El futuro del mundo está ligado necesaria e íntimamente al propósito de Dios; no se puede divorciar el uno del otro. Lo que falta para muchos es una teología bíblica del mundo y del papel de la iglesia en la sociedad secular.

UNA VIDA SIN COMPARTIMIENTOS

Contemplar la iglesia como un pueblo nos puede ayudar a comprender su lugar en relación al mundo. Pues el término *pueblo* tiene que ver con la totalidad de la vida, y no solamente con el aspecto religioso o espiritual. El concepto de pueblo subraya las relaciones sociales y humanas entre los redimidos: la manera de vivir de día en día, la filosofía de la vida y la cosmovisión cristiana. Toca todas las áreas de existencia humana, sin divorciar lo natural de lo espiritual o lo temporal de lo eterno. Es un concepto integrante.

El vernos como pueblo nos obliga a interesarnos en la relación que tenemos con la cultura y con el contexto social en que vivimos cada día. Luego, es imposible relegar la vida cristiana a categorías exclusivamente religiosas y poco realistas. El hecho de ser pueblo de Dios nos relaciona en el tiempo y el espacio, no sólo en lo futuro y eterno; nos involucra en lo secular, no sólo en lo religioso y espiritual. Nuestras raíces espirituales proceden de la eternidad y de la gracia de Dios, pero también determinan nuestra participación en el mundo donde vivimos. Además, la calidad de vida que tenemos por la relación con Dios determina la calidad y el vigor de nuestra actuación en la sociedad.

Una cosmovisión cristiana adecuada rechaza algunas posturas populares por considerarlas inútiles. Por ejemplo, no podemos limitar nuestra actuación en el mundo a la tarea de "arrebatar almas del fuego". Aunque la operación de rescate es una parte válida de la obra del evangelio, es sólo el paso inicial, y nunca puede ser contemplada como la meta final, ni como el factor principal que determina la óptica con la cual vemos el mundo.

Tampoco la iglesia puede volver su vista hacia adentro en una especie de autocontentamiento. Su misma naturaleza requiere abnegación y sacrificio en un flujo constante de amor hacia otros. Ni puede reducir su vida y testimonio a una operación mecánica — una ronda interminable de actividades, reuniones y comités — por el simple hecho de que ella es más que actividad y obras. Es más fácil enfocar correctamente el mundo si primero nos vemos como un pueblo.

COMPATIBILIDAD ENTRE EL HOMBRE Y SU MUNDO

Una comprensión adecuada del mandato de la creación nos ayuda a apreciar el papel de la iglesia como pueblo. Dios determinó que el hombre gobernara y subyugara la tierra. Todo lo que tiene que ver con la relación original del hombre con el mundo creado parece indicar una asociación natural y fluida. El texto sagrado da la impresión de que el uno fue hecho para el otro: el hombre para el mundo, y el mundo para el hombre. De ninguna manera esta observación pretende minimizar la sublime naturaleza espiritual del hombre, que hace posible una comunión ininterrumpida con Dios. Al contrario, su relación íntima con el creador y rey de todo lo capacitó para ejercer las vastas responsabilidades de virrey sobre la tierra y representante del gobernador del universo.

Pensemos en el cuadro original que prevalecía en Edén. Dios había hecho todas las cosas como partes integrantes de un conjunto. Existía una hermosa compatibilidad entre el hombre y el mundo físico que le tocaba gobernar para el Señor. Se le instruía al hombre que asumiera esa responsabilidad y la creación se sujetó a él. Aunque esta tarea le requería la plena utilización de sus facultades, así como también una dependencia constante de su creador, Adán estaba capacitado para hacerlo. No tenía por qué sentirse nervioso ni extenuado. Debía conformarse a las normas prescriptas de Dios, pero en la realización de sus tareas encontraría satisfacción por un trabajo bien hecho, de la manera en que el creador había manifestado su propia satisfacción después de concluir cada obra creativa (véase Génesis, cap. 1). Obviamente, toda la atmósfera inicial de la creación fue distinta de la que se pudo observar después de la rebelión del hombre, registrada en Génesis, capítulo 3.

Debemos tomar el significado de esa situación inicial como un importante punto de referencia en cuanto a los propósitos de Dios. Porque *redención, renovación* y *restauración* son términos que plantean un regreso a la condición original.

Adán tenía que reconocer sin cuestionamientos ciertas condiciones y limitaciones implícitas. En primer lugar, con respecto al jardín de Edén, su responsabilidad era labrarlo y guardarlo (véase Génesis 2:15). El lenguaje parece aludir a fuerzas siniestras que podían producir decadencia o aun destrucción. Adán debía ser diligente y mantenerse alerta.

Segundo, había un árbol en el jardín del cual estaba prohibido comer (véase 2:16,17). El propósito de esta restricción era servir de entrenamiento para obedecer la voluntad de Dios.

Tercero, había una limitación personal. Dios declaró, "No es bueno que el hombre esté solo; le haré ayuda idónea para él" (2:18). La idea sugerida es que al desarrollar las responsabilidades, y al crecer en madurez, Adán precisaría una relación social de intimidad; no debía permanecer solo.

Aparte de toda consideración de pecado y redención, es evidente desde el principio que Dios hizo al hombre como un ser social para vivir en armonía con otros seres humanos y encontrar realización personal en el marco social. Si suponemos que el pecado no hubiera dañado su vida y sus relaciones sociales, podemos imaginar que habría llegado a experimentar la plenitud del amor y la gracia de Dios en medio de una comunidad en constante desarrollo, y las vidas de todos estarían entrelazadas unas con otras. Esto habría incluido todas las facetas de la vida y las relaciones sociales. La idea de un desarrollo individualista y aislado en semejante contexto es impensable.

COMIENZO NUEVO EN UN MUNDO CORROMPIDO

Una vez entrados en el jardín el pecado y otras voluntades ajenas al plan divino, todo el marco comunitario se vio alterado, haciendo más difícil el cumplimiento de cualquier tarea. Por supuesto, las relaciones de los unos con los otros se volvieron complicadas (véase Génesis 3:7–24ss). Aun así, debemos entender que el aislamiento y el individualismo no son alternativas válidas. Las vidas de los seres humanos están necesariamente entrelazadas unas con otras, sin importar sus suertes.

En esta difícil situación vemos la búsqueda divina de un nuevo comienzo: una familia que pueda proveer amplias proyecciones sociales para el futuro. Hemos hecho mención de esto al revisar la historia de los tratos de Dios con los hombres en la Biblia. Podemos ahora traer a la memoria algunos de los elementos clave en la historia de la redención.

Más tarde tendremos oportunidad de volver a Abraham, porque su papel como padre es muy importante. Un nuevo comienzo dentro de un marco social adecuado se torna viable a partir de la entrada de Abraham en escena. Las vidas se entretejen unas con otras, se desarrolla una cultura y un estilo de vida, se edifica un patrimonio, el cual es sostenido, defendido y transmitido a las generaciones sucesivas. La historia comienza con una relación de pacto claramente definida entre Dios el creador, sustentador y redentor por un lado y, por el otro, Abraham como progenitor de una nueva familia, en un nuevo contexto social, una sociedad alternativa en medio de un mundo alejado de Dios.

Con la venida de Jesucristo — simiente de Abraham y esperanza de Israel — el nuevo pacto es sellado en su sangre, y un nuevo pueblo se forma a partir del remanente fiel del pueblo del antiguo pacto, junto con los gentiles que se unen a Cristo por medio del arrepentimiento, la fe y el bautismo. Todos se integran en una misma comunidad donde la vida y los bienes se comparten por el tiempo y la eternidad. A todos se les enseña a vivir para el bien común, amarse los unos a los otros, perdonarse unos a otros, ayudarse mutuamente, y aun morir por el hermano. El arrepentimiento se interpreta como dejar la "vana manera de vivir" (1 Pedro 1:18) y "despojarse del viejo hombre con sus hechos" (Efesios 4:22; Colosenses 3:9). La nueva vida en Cristo involucra un nuevo estilo de vida fundamentado en la convivencia como miembros de la familia de Dios.

Jesús dio ejemplo de este estilo de vida por la manera en que él vivió con los doce apóstoles. Fue una vida perfectamente integrada, sin categorías disociadas. Esto se desarrolló con naturalidad, de acuerdo con la mentalidad hebrea, desacostumbrada a la división artificial de la vida entre lo religioso y lo secular.

La misma mentalidad fue asumida en la iglesia primitiva, al principio por los cristianos hebreos — con los cuales sería muy natural — y luego por los convertidos de entre los gentiles. El apóstol Pablo subrayó la importancia de una plena integración y armonía entre los distintos aspectos de la vida, un enfoque comunitario frente a los problemas que surgen, y una participación activa en el mundo como pueblo e instrumento de Dios.

Los apóstoles insistieron unánimemente en que la vida cristiana compartida con otros debiera coincidir perfectamente con los valores interiores más profundos de la vida espiritual. No estaban dispuestos a admitir un divorcio entre la vida interior y la vida en comunidad. De modo que desde el principio se enseñó en la iglesia que la fe cristiana es un elemento de integración que da sentido a los distintos aspectos de la vida.

RESUMEN

Hemos observado que un entendimiento correcto de la relación del cristiano con el mundo es vital si hemos de comprender el papel de la iglesia como pueblo de Dios. En resumen, puede ser de ayuda subrayar tres facetas del cuadro general que consideramos y que debemos tener presente al tratar este tema.

Primero, debemos comprender que *el propósito de Dios en este mundo incluye la integración de espíritu y naturaleza*. El mundo interior debe estar en armonía con el mundo en derredor. Alguna tensión entre estas dos facetas es inevitable (véanse Romanos, caps. 6 al 8 y Gálatas, cap. 5), pero sigue en pie el hecho de que Dios hizo al hombre como un ser integrado teniendo una naturaleza que es tanto espiritual como material. Esto señala que es viable una asociación espontánea e íntima entre los dos aspectos. Uno de los efectos obvios de esta integración es la celebración de la naturaleza y de la existencia física en general como don de Dios. El mismo hecho se ilustra en la encarnación de Cristo, aun en el ejercicio de su oficio de artesano, de carpintero.

Como pueblo de Dios, rechazamos el dualismo filosófico que presenta una lucha continua e infeliz entre lo físico y lo espiritual, sin ofrecer ninguna esperanza de resolución o integración. A la vez, no podemos reducir la existencia humana a un mero aspecto o producto de la naturaleza sin ninguna cualidad espiritual.

En segundo lugar, *la evidencia bíblica indica que el hombre fue diseñado como un ser social.* El hombre ha de vivir en una comunidad de relaciones profundas, exigentes, satisfactorias, que facilitan la realización de sus capacidades inherentes dentro de su marco social. Rechazamos el aislacionismo y el individualismo por ser psicológicamente dañinos y contrarios a la plena realización del ser humano. Dios no quiere que seamos solitarios, ni que busquemos el desarrollo personal a costa del sacrificio de otros.

Construir relaciones sociales fuertes y satisfactorias no es tarea fácil. Pero es parte del mandato divino para la humanidad y es absolutamente esencial para el cumplimiento del propósito de Dios en la redención. Los seres humanos, mientras permanezcan separados y divididos, no serán conducidos hacia la perfección.

No es suficiente una tregua; ni tampoco un acuerdo de "vivir y dejar vivir". Este no es el lenguaje del evangelio. El amor, la fe y la esperanza son las virtudes cardinales que los cristianos tienen en común. Entre todos tenemos un mismo Padre, un solo Señor y un destino común.

En tercer lugar, *la necesidad de una estructura comunitaria adecuada requiere que revisemos honesta y cuidadosamente nuestras estructuras eclesiásticas contemporáneas.* Aquí descubrimos una tendencia a evaluar excesivamente el individualismo, el activismo y la fascinación con las cosas. Estos elementos presentan aspectos conflictivos frente al concepto bíblico de la iglesia como pueblo.

El individualismo como concepto ya ha sido tratado, pero un examen crítico de las estructuras eclesiásticas contemporáneas revelará la evidencia de un énfasis excesivo en el culto a la personalidad, la apelación a los gustos particulares, el aislamiento innecesario de personas que debieran ser integradas socialmente, etc. En muchos casos, se da poco valor a las estructuras elementales de la familia, que deben ser fortalecidas e incorporadas intactas a la iglesia.

Mientras que la mayoría de las estructuras sociales tradicionales tienden a ser relativamente pasivas, las estructuras evangélicas corrientes suelen ser altamente activistas. Como tales, tienden a presentar situaciones conflictivas con las anteriores. Además, su postura agresiva a menudo significa su triunfo y la consecuente derrota de otra faceta más de la estructura social tradicional.

De hecho, muchos cristianos contemporáneos no tienen un profundo aprecio por el valor de un patrimonio (o herencia) cristiano, y tampoco tienen una vida familiar fuerte y vital, ni ven la importancia del ejercicio notable de la paternidad en la formación de los niños, ni el valor de un sentido de seguridad, ni un aprecio adecuado de la celebración o del compromiso de unos con otros. Como resultado, estos valores sociales tienden a desaparecer, víctimas de la intensa ronda de actividades que tienen poco de recomendable excepto la tensa energía que las genera. Parecería sabio modificar toda esta situación antes de que nos encontremos en la triste situación de contemplar la destrucción del mismo fundamento sobre el cual estamos parados.

Tristemente, en muchos casos una fascinación por las cosas ha reemplazado al amor por las personas. El consumismo, el desarrollo tecnológico, el énfasis en la satisfacción instantánea, y un desdén generalizado hacia la dignidad humana se han combinado para engañarnos. Tienden a alterar nuestra escala de valores y a desanimarnos con respecto al ejercicio de la paciencia y otras virtudes cristianas tan necesarias para la transformación gradual de nuestras vidas a la imagen de Jesucristo.

Si recuperamos la conciencia de que somos un pueblo, podemos volver nuestra atención a la clase de programas y estructuras en las que los seres humanos son las que ocupan el lugar apropiado frente a las cosas. Semejante ajuste podría incluir un énfasis mayor en la capacitación de las personas, algunos programas de auto ayuda, la extensión misionera, trabajos con los menos privilegiados, el discipulado cristiano, obras de bondad y misericordia, etc. La lista de posibilidades no tiene límite.

Tanta atención, tanto dinero y tanta energía se ha gastado en edificios, equipos, tecnología, etc., que podría representar un gran alivio y una experiencia fascinante hacer un cambio de dirección en la dedicación de nuestro tiempo, de nuestra atención y de nuestro dinero hacia donde Dios mismo concentra su interés: las personas.

Seis

Dios construye un pueblo

*F*rente a la desintegración social que tiene lugar en derredor nuestro, cada vez más personas están buscando en alguna relación comunitaria una forma de recuperar los valores perdidos. Hay una convicción en muchos de nosotros de que una comunidad cristiana debiera modelar y proveer un ambiente social estable, en el cual los participantes se aman y se sirven unos a otros con un sincero aprecio del valor de cada uno ante los ojos de Dios. Pensamos que la iglesia debe ser como una familia grande. ¿Qué hay en la naturaleza de la familia que nos hace sentir así?

La familia se edifica sobre la base de relaciones estrechas. Comienza con un pacto matrimonial en el que un hombre y una mujer se comprometen a convivir durante el resto de sus vidas. Aunque prometen hacer ciertas cosas y cumplir ciertas obligaciones, el pacto se fundamenta en lo que son y no en lo que hacen.

Luego nacen los hijos y conforman ese núcleo familiar que los compromete en una serie de relaciones, hasta que aquellos realicen su propio matrimonio o alcancen la adultez; y esto es al margen de la actividad que desarrollan. Esto no implica que los actos de los miembros de la familia no tienen importancia o consecuencias; sólo que no determinan la relación elemental dentro de la familia.

En uno de sus libros, Stephen Clark nos ha dado algunas definiciones interesantes para la iglesia como comunidad. El propósito de Dios para la raza humana, escribe, es la "restauración comunitaria de la humanidad en Jesucristo... todos los cristianos debieran vivir en un grupo de cristianos que funcione como pueblo".[1] Luego Clark subraya las dificultades y la confusión que prevalecen en la sociedad tecnológica moderna con respecto a los roles funcionales y sociales.

Las sociedades modernas en las cuales vivimos enfatizan los modelos funcionales, que corresponden a una mentalidad de "descripción de trabajo". "¿Qué hace usted?" viene a ser una pregunta clave cuando las personas se encuentran por vez primera. Según esta mentalidad, se miden y evalúan los individuos conforme a una lista de tareas que debieran realizar. Cuando ya no son útiles o funcionales, son despedidos.

El papel social que desempeñamos no responde, ni puede responder a esa clase de mentalidad. Por esta razón se tiende a rebajar el valor de dicho papel en medio de la acelerada sociedad tecnológica de la actualidad. Pero, ¿cuáles son los roles que sostienen a la sociedad? ¿Los funcionales? ¡No! Los sociales son los que entrelazan los elementos de la civilización. Son padres, madres, ancianos respetados... individuos que reciben su autoridad, no del proceso político ni de su capacidad tecnológica, sino de lo que son en sí dentro de la estructura social. Cuando la sociedad pasa por tiempos turbulentos, estos modelos sociales son los que se hallan en posición de rescatarla y reconstruirla. Con respecto a esta clase de roles, afirma Clark:

> Su propósito principal no es el de estructurar un conjunto de actividades, sino de proveer un orden estable para las relaciones que permitan un compromiso personal amplio... La ausencia de roles sociales efectivos provoca la quiebra de la comunidad y debilita la vida familiar.

Clark resume las características principales de estos modelos sociales así: son "estables... claros... uniformes... y flexibles". En torno a estos roles surge a la larga una cultura entera, que se convierte en un estilo de vida habitual. Sigue diciendo Clark:

Los roles sociales se comunican más por ejemplo que por reglas. Conocer a cinco padres buenos y observarlos en sus relaciones con los otros miembros de sus familias, ayuda más que leer cinco buenos libros sobre los principios de la paternidad.

Los roles sociales son ideales, pero por lo general sirven de modelos que el grupo comunitario considera como de autoridad . . . Una comunidad transmite a otros su estilo de vida, y sólo cuando ese estilo de vida se transmite como "nuestra manera de vivir", es que adquiere la autoridad que provee la base para una vida comunitaria efectiva . . . Los roles sociales no existen aun cuando es necesario asistir alguna clase para aprenderlos.[2]

No sólo de los líderes cristianos reconocidos escuchamos de la importancia del papel social. Un estudio reciente de las razones que se hallan detrás de la "excelencia" comparativa y el éxito empresarial de ciertas firmas americanas señala la importancia de los factores sociales y de la cultura — cuentos, mitos, leyendas, valores compartidos — dentro de la organización:

Sin excepción, el predominio y la coherencia de la cultura demostraron ser factores esenciales en las empresas excelentes.

Cuánto más fuerte la cultura . . . menos necesidad habrá de manuales de comportamiento, organigramas, o normas detalladas de procedimientos y reglas. En estas compañías, los que están al final de la línea saben lo que les toca hacer en la mayoría de las situaciones, porque un puñado de principios clave son claros como el agua.[3]

El desarrollo de semejante cultura es el resultado ineludible de vivir en una comunidad genuina a través de un período extenso. Esta cultura viene a formar parte del patrimonio de la comunidad y provee identidad a los participantes. Que se manifieste esta identidad en la manera de vestir, una jerga típica, una terminología familiar, los valores acordados a ciertas cosas y ciertos procedimientos, una cosmovisión o en algún comportamiento extraño para otros, es señal de un estilo de vida que ha sido abrazado por la comunidad y transmitido a las nuevas generaciones. En este aspecto, es notablemente diferente de la experiencia de las iglesias contemporáneas que carecen de una estructura comunitaria. Estas iglesias tienen sólo un efecto marginal en su feligresía.

TENSIÓN CON LA SOCIEDAD

Este notable sentido de identidad que se deriva de una relación comunitaria efectiva puede explicar por qué tales comunidades son más propensas a crecer y fortalecerse en medio de una sociedad confundida y en decadencia. La iglesia como sociedad alternativa ofrece esperanza, comunidad y un fundamento social. También provee una explicación razonable para los fracasos de la sociedad en derredor, siempre que establezca suficiente distancia entre sí y la sociedad circundante. Si las dos se aproximan demasiado, el contraste se pierde o se desenfoca.

¡Aquí está la tensión! La iglesia no puede divorciarse completamente de la sociedad sin faltar a su responsabilidad de ser luz, levadura, sal y semilla. Tampoco puede presentar un espíritu dinámico de esperanza y confianza, ni una postura misionera agresiva, si no se introduce con mayor profundidad y amplitud en el mundo. Pero es verdad que esta clase de penetración corre el riesgo de comprometer el mensaje único de la comunidad cristiana.

Herbert Schlossberg obviamente está de acuerdo con la misión de la comunidad cristiana de producir un impacto en la sociedad mayor. Pero nos recuerda que el pueblo de Dios está esencialmente en oposición a una sociedad que niega a Cristo su derecho de gobernar:

> El acto revolucionario de abandonar el mundo en favor de la creación y el mantenimiento de la comunidad cristiana puede, finalmente, resultar ser el mayor servicio que se puede hacer al mundo. Esto se efectúa al dar testimonio del juicio y condenación [divinos] del orden mundano actual y al demostrar la alternativa

viable. Esto implica que la comunidad cristiana verdadera será lo que los sociólogos llaman una subcultura disidente...

Las subculturas disidentes pueden sobrevivir sólo si logran formar comunidades permanentes y efectivas que mantienen su oposición a la sociedad mayor. Necesitan contar con estructuras que pueden sustentar su disidencia y que proceden sólo de una comunidad íntima de disidentes con una misma mentalidad... Las iglesias podrán formar grupos efectivos de cristianos que viven en comunidad, sólo cuando reconozcan la quiebra de la cultura mayor, tal como han hecho los disidentes soviéticos.[4]

Jim Wallis manifiesta lo mismo de la siguiente manera:

La formación de una comunidad es un acto esencialmente revolucionario. Propone desconectar a hombres y mujeres de su dependencia de las instituciones dominantes del sistema mundano, y crear una realidad comunitaria alternativa que se fundamenta sobre valores sociales diferentes.[5]

En una sociedad diferente — y a veces radicalmente opuesta — a las demandas de Cristo, precisamos el apoyo de una comunidad vigorosa de creyentes. Sin esa familia como albergue, sin un hogar seguro, nos volvemos tan vulnerables como huérfanos en una tormenta.

PRIORIDAD DE LA IGLESIA

Una postura individualista se torna cada vez menos viable, por el hecho de que la sociedad tecnológica moderna nos empuja con violencia en esa dirección. El teólogo Hendrikus Berkhof señala que el enfoque protestante tradicional de la teología sistemática considera el tema del creyente particular luego de tratar la doctrina de Dios, y sólo después aborda el tema de la iglesia. Berkhof cree que se debiera invertir ese orden:

El temperamento fuertemente individualista que surgió a partir del siglo XVI contribuyó a la formación de las iglesias libres, en las cuales la comunidad se considera solamente como fruto y soporte de la fe individual... Actualmente, hay cambios que se están gestando, debidos al nuevo énfasis en la iglesia como pueblo de Dios.[6]

Hay una convicción creciente entre los cristianos, que afirma que es imposible vivir la vida cristiana aislados en la soledad. Esa afirmación casi no precisa un argumento articulado. Una vez que descubrimos que Dios es nuestro Padre, por la fe en Cristo Jesús, descubrimos, paso seguido, que nuestro Padre tiene una familia muy grande.

Ningún creyente puede esperar el trato que se da a un hijo único. Somos edificados en la fe a través de las relaciones mutuas dentro del cuerpo de Cristo. Como miembros de la familia de Dios, permanecemos juntos, aprendemos juntos, vivimos juntos, y sufrimos juntos. Compartimos un destino común. Más aun, nuestra edificación en el cuerpo de Cristo depende tanto de nuestra transformación y conformación a un nuevo estilo de vida (véanse Romanos 12:2; 1 Pedro 1:18; 2:12) como de nuestro aprendizaje de las verdades básicas que han sido reveladas en las Escrituras (véase 1 Pedro 2:2,3).

No se puede divorciar la doctrina de la conducta. El discipulado cristiano es más que un curso de estudio del dogma bíblico; es un aprendizaje que incluye la capacitación para vivir. El mismo acontece dentro de una comunidad cristiana, con el propósito de conformar nuestra conducta y nuestro estilo de vida al que encontramos en Cristo mismo.

El patrimonio perteneciente al pueblo de Dios se transmite a las vidas particulares y sus valores se inculcan en ellas al compenetrarse de la verdad de Dios en los diversos aspectos. Una vez que la verdad se afirma en la mente y la conciencia, comienza a ejercer presión desde adentro sobre los demás rubros de la vida. Corrige y ajusta nuestra manera de pensar y vivir, conformando nuestras vidas gradualmente a la imagen de Cristo. Cuando esto ocurre en un número grande de personas relacionadas en un marco comunitario, y cuando la verdad de Dios es aplicada en forma consecuente a cada faceta de la vida — personal, familiar y vocacional — se forma un pueblo: el pueblo de Dios.

Así se edifica la iglesia: la alternativa de Dios para un mundo dolorido y quebrado.

---

1. Stephen B. Clark, *Man and woman in Christ* (Ann Arbor: Servant Books, 1980), p. 574ss.
2. *Ibid.*, pp. 584–587.
3. Thomas J. Peters & Robert H. Waterman, Jr., *In search of excellence* (New York: Harper & Row, 1982), pp. 75, 76.
4. Herbert Schlossberg, *Idols for destruction* (Nashville: Thomas Nelson Publishers, 1983), pp. 321, 322.
5. Jim Wallis, *Agenda for biblical people* (New York: Harper & Row, 1984) p. 76.
6. Hendrikus Berkhof, *Christian Faith* (Grand Rapids: Wm. B. Eerdmans Publishing Co., 1979), p. 341.

Siete

"¡No me pidas que te deje!"

Al finalizar la boda éramos conducidos en automóvil al encuentro íntimo y privado que habíamos esperado por largo tiempo. Mi flamante esposa y yo estábamos sentados en el asiento trasero. En un momento de quietud ella me susurró:

— ¿Miraste el interior de la alianza de boda?
— No, — le respondí sorprendido. — ¿Por qué?

No me contestó, obviamente esperando que me quitara el anillo que hacía tan poco tiempo ella había colocado en mi dedo. Tan pronto como pude hacerlo, lo levanté para leer la inscripción a la luz de la calle. Asombrado, leí: *Ruth 1:16 y 17.*

El pasaje reza así:

¡No me pidas que te deje y que me separe de ti! Iré a donde tú vayas, y viviré donde tú vivas. Tu pueblo será mi pueblo, y tu Dios será mi Dios. Moriré donde tú mueras, y allí quiero ser enterrada. ¡Que el Señor me castigue con toda dureza si me separo de ti, a menos que sea por la muerte!

Quedé conmovido y mudo, pensando en el compromiso que mi esposa y yo recién habíamos asumido en la presencia de Dios y de muchos testigos. Nunca habíamos hecho semejante compromiso con nadie . . . excepto cuando rendimos nuestras vidas sin reservas a Jesucristo años atrás. Pensé en la semejanza entre esa relación eterna y el compromiso entre marido y esposa.

El pacto matrimonial, en el propósito de Dios, permanece de por vida y toca cada faceta de nuestras vidas. Su plena realización requiere un compromiso muy serio. La puerta se cierra a toda alternativa. No se deja ruta de escape, frente a la posibilidad de que los sueños no se realicen.

Tu pueblo será mi pueblo, y tu Dios será mi Dios.
Moriré donde tú mueras, y allí quiero ser enterrada.

¿Qué relación podría ser más firme que ésa? ¡Qué pacto maravilloso! En el mismo inicio de nuestro matrimonio, mi esposa me dio una lección sobre el significado de pacto y compromiso, que nunca sería olvidada.

¿TESTAMENTO O PACTO?

Un pacto no sólo es la base del matrimonio; es el medio que Dios usa para formar un pueblo. Dios está extrayendo personas y familias de las naciones, sacándolas de su desvío y rebelión, de su autoconfianza y soberbia, de su temor y confusión. Luego procede a transformar sus vidas a su propia imagen, edificándolas y uniéndolas en un solo cuerpo.

A través de un firme compromiso con Dios y de los unos con los otros, se establecen relaciones de confianza mutuas, una interdependencia, y una disposición de vivir y aun de morir los unos por los otros. La fuerza y el vigor de cada relación se halla en el pacto que los une.

Para poder entender la naturaleza de la relación que Dios ha querido establecer con los seres humanos hemos de valorar el concepto bíblico de pacto. No hay eslabón más fuerte que se pueda establecer entre seres racionales que aquel que se fundamenta sobre un pacto. Pero pocos cristianos le otorgan la importancia que merece. Esto puede deberse al hecho de que la palabra *testamento* se usa en lugar de *pacto* en ciertos pasajes clave del Nuevo Testamento.

La idea que la mayoría tiene en mente cuando escucha o usa el término *testamento* es la de la disposición final de Jesucristo, que tuvo lugar cuando dio su vida por nosotros a fin de que experimentemos la bondad y la misericordia de Dios. Por supuesto, esto es verdad. Sin embargo, *pacto* significa más que eso.

La palabra *pacto* se halla en el Antiguo Testamento más de doscientas cincuenta veces, y se traduce de la palabra hebrea *berit*. La palabra casi equivalente en idioma griego, *diatheke*, se la encuentra treinta y tres veces en el Nuevo Testamento, traducida como *pacto* o *testamento*. De las treinta y tres ocasiones, más de la mitad son citas del Antiguo Testamento o referencias al mismo.

Un estudio del uso de estas palabras en las Sagradas Escrituras muestra que es necesario comprender el concepto de pacto para poder apreciar el sentido de los tratos de Dios con Israel.

RELACIONES DE PACTO

La importancia del pacto surge del hecho de que Dios no se relaciona con los hombres ni obra entre ellos de modo casual. Dios no actúa por impulso o capricho. Se ha dado a conocer como un Dios de propósito benévolo. Y su poder y sabiduría sin límite siempre son suficientes para llevar a cabo sus propósitos soberanos.

Él tiene planes para los suyos, y determina el curso de las naciones de acuerdo con esos planes. Los acontecimientos y sorpresas de la historia contribuyen — aun más allá de nuestra comprensión — a la realización de sus objetivos predeterminados.

La manera en que esto se realiza sin violar el libre albedrío del hombre es un tema que ha intrigado y confundido las mentes de los pensadores a través de las edades. Pero la fe en Dios como Señor soberano, creador y consumador del universo, nos permite tomar en serio su palabra y confiar pacientemente en él en toda situación.

Se trata, entonces, de uno que es todopoderoso. Uno que es perfectamente sabio. Uno ante quien hemos de doblegarnos en reverencia humilde. ¿Cómo podemos relacionarnos con él? ¿Cuál es la base de nuestra confianza en este

Dios asombroso y majestuoso? ¿De qué manera podemos estar seguros de que su amor es constante y fiel, a pesar de nuestras fallas frecuentes, nuestros desvíos lamentables, y nuestra conciencia innata de la propia incompetencia?

¡Aquí vemos el valor del pacto! La idea básica de pacto en el Antiguo Testamento es la de un *acuerdo*, un *tratado mutuo*, una *alianza* entre individuos o naciones, o entre un monarca y sus súbditos. Por medio del acuerdo las dos partes se ligan mediante una alianza irrevocable. Quebrantar esa alianza trae una amenaza de consecuencias terribles.

Aunque los pactos o alianzas varían en sus detalles, los que se establecieron en tiempos del Antiguo Testamento se efectuaron solemnemente por escrito e incluyeron estos elementos:

- un preámbulo que da los nombres y los títulos de las partes que establecen una relación pactada;
- un prólogo histórico que traza las relaciones previas de las partes;
- las condiciones y exigencias del acuerdo;
- una lista de los testigos divinos; y
- una declaración de las maldiciones y bendiciones.[1]

En casi todos los casos, el pacto era sellado con el sacrificio de un animal, y algunas veces se celebraba con una comida.

¿Y qué de la relación de pacto entre Dios y el hombre? Hemos de observar en primer lugar que, en tales pactos, es Dios quien inicia la relación. Pacto, cuando se usa en el sentido de un acuerdo entre Dios y el hombre, se define, en las palabras de O.P. Robertson, como un "vínculo de sangre administrado soberanamente."[2] El hombre nunca se halla, delante de Dios, en la posición de poder determinar las condiciones de su relación. Dios el creador y Señor soberano es quien determina la naturaleza de la asociación.

En las Escrituras encontramos referencias a la iniciación de pactos de parte de Dios:

- con Adán (véase Génesis 1:28–30; 2:16,17; 3:14–19),
- con Noé (Génesis 6:18; 9:9),

- con Abraham (Génesis 15:18; 17:2, 7ss),
- con Moisés y la nación de Israel (Éxodo 19:5; 24:8; Deuteronomio 4:23; 5:2; 29:1),
- con David (2 Samuel 7:8–29; Salmo 89:3,4; 78:60–72)
- y, por supuesto, el nuevo pacto prometido en el Antiguo Testamento (véanse Jeremías 31:31–34; Ezequiel 37:26,27), y cumplido en Cristo Jesús (Mateo 26:28; Hebreos 8:8–12).

El desarrollo de la historia de la redención se puede trazar con la realización de estos pactos.

EL AMOR DE DIOS ABARCA A TODOS

A medida que los pactos se presentan en las Escrituras, se observa en ellos cada vez más su propósito universal. La meta final de Dios es más grande que la de una sola nación. Israel es escogido y apartado como ejemplo, ante las demás naciones, de lo que significa ser un pueblo de pacto. Y aunque los israelitas no lograron captar el pleno significado de su vocación divina, los profetas se refieren de tanto en tanto al propósito universal de Dios. Desde el punto de vista profético, entonces, no es sorprendente observar en el Nuevo Testamento que una multitud de gentiles se incorpora al pueblo de Dios, uniéndose al remanente fiel de los israelitas que se comprometieron con Cristo.

Aunque estos pactos se refieren a sucesos históricos separados entre sí por muchos siglos, el mismo tema básico resuena con claridad. En el Antiguo Testamento, Dios prometió plena redención a los hombres por medio del Mesías. El Nuevo Testamento relata el nacimiento, la vida y el ministerio, la muerte y la resurrección del prometido. Sus páginas proclaman el cumplimiento del gran propósito de Dios de redimir y formar un pueblo propio, un pueblo que abraza a Jesucristo como su Señor y su vida.

Los pactos no sólo enfocan la salvación en un sentido espiritual, personal e interior, sino también contemplan todo lo que atañe al estilo de vida del hombre como ser social. Por medio del pacto, Dios forja un pueblo cuyas vidas reflejan su presencia y su gran amor.

Aun cuando Dios establece su pacto con individuos — Adán, Noé, Abraham, Moisés, David, Jesucristo — en todos los casos ellos son representativos de otros. En esto nos enfrentamos nuevamente al hecho de que *el propósito del pacto es la formación de un pueblo*. Ellos vienen a ser el pueblo del pacto. Pertenecen a su Dios. Es el pacto que determina la naturaleza de su relación con Dios y de unos con otros.

Dios está buscando algo más que un conjunto de individuos diversos. Por esta razón, en los pactos, Dios pone un énfasis y un valor especial en las familias.

Dios hace su pacto específicamente con Noé, pero involucra a su familia, incluyendo sus hijos casados y las esposas de éstos. Esa familia constituye la evidencia de la vida justa de Noé.

El mismo hecho es aun más evidente en el caso de Abraham. La realización del pacto dependía de la capacidad de Abraham de producir hijos. Mientras esta realidad le empujó a Abraham a una posición de fe casi ciega, en la que tuvo que creer "en esperanza contra esperanza" (ya que Sara su esposa era estéril, véase Romanos 4:18), ella lo preparó para su papel de "padre de los que creen". Dios lo ubicó de tal modo que le fue imposible avanzar al margen de su familia.

Y con David, el Señor confirmó su pacto a través de su descendencia.

CRISTO POR NOSOTROS, Y CRISTO EN NOSOTROS

El pensamiento medular de la relación pactada se nota en la declaración divina: "Yo seré a ellos por Dios, y ellos me serán por pueblo" (véanse Jeremías 31:33; Ezequiel 11:20; Hebreos 8:10; y otros). Esta es conocida por algunos como el "principio Emanuel" del pacto: ¡Dios está con nosotros!

"¡No me pidas que te deje!"

El Mesías constituye la esperanza de los pactos del Antiguo Testamento. El mismo aparece en el Nuevo Testamento en la persona de Jesucristo, en cumplimiento de esas promesas. Esta realidad concuerda con el carácter particular del nuevo pacto. Es el único pacto en que Dios declara que personalmente cumplirá las obligaciones de las dos partes involucradas en el pacto. No sólo redimirá por su soberano poder y voluntad; también cumplirá los requisitos determinados para el hombre a fin de que éste pueda gozar del favor de Dios. Dios escribirá sus leyes en el corazón y en la mente del hombre.

Así es que Dios el Hijo se hace hombre; nace de una virgen y vive entre los hombres. Después de vivir su vida en perfecta armonía con su Padre celestial, guardando la ley de Dios con total integridad, ofrece su vida en rescate por pecadores culpables. Al tercer día se levanta de entre los muertos por el poder de Dios. De esta manera viene a ser el "espíritu vivificante" (1 Corintios 15:25), y puede vivir dentro de los suyos como la misma vida de ellos. Cristo en nosotros es nuestra "esperanza de gloria" (Colosenses 1:27). Él es "por nosotros" y "en nosotros", cumpliendo íntegramente los términos del nuevo pacto, de parte de Dios y de parte del hombre.

El tema de "Cristo en nosotros" llega a ser uno de los principales del apóstol Pablo. Él contempla esta relación como la característica cardinal del pueblo de Dios. En sus epístolas desarrolla el tema de distintas maneras:

- Cristo vive en nosotros.
- Somos el templo del Espíritu Santo.
- Somos el cuerpo de Cristo.
- Sus dones y gracias operan en nosotros.
- Hemos muerto a las obras de la carne, y llevamos el fruto del Espíritu que reside en nosotros.

Estas realidades forman el sólido fundamento sobre el cual el pueblo de Dios desarrolla su confianza victoriosa. El problema antiguo de la infidelidad del hombre ahora tiene solución:

Así pues, ahora ya no hay ninguna condenación para los que están unidos a Cristo Jesús, porque la ley del Espíritu que da vida en Cristo Jesús, te liberó de la ley del pecado y de la muerte. Porque Dios ha hecho lo que la ley de Moisés no pudo hacer, pues no era capaz de hacerlo debido a la debilidad humana: Dios envió a su propio Hijo en condición débil como la del hombre pecador y como sacrificio por el pecado, para de esta manera condenar al pecado en esa misma condición débil. Lo hizo para que nosotros podamos cumplir con las justas exigencias de la ley, pues ya no vivimos según las inclinaciones de la naturaleza débil sino según el Espíritu.

Romanos 8:1–4

¿CÓMO SE INICIA EL PACTO?

Un pacto se fundamenta en la fidelidad de las partes pactantes. Cuando Dios hace pacto con el hombre, no hay duda alguna sobre su fidelidad. Pero del lado del hombre no hay tanta confianza. La historia hilvana un patrón previsible de infidelidad humana. Pero en el nuevo pacto, con la realidad del Cristo que reside dentro de los suyos, todos los redimidos pueden guardar fidelidad a los términos del pacto. Al final, Dios puede realizar su propósito eterno y glorioso a través de un pueblo propio. Es simplemente una cuestión de vivir en Cristo y por Cristo.

Iniciar esta relación de pacto con Dios, sin embargo, no es una decisión de poca importancia. Entramos en esa relación a través de una rendición total. Más que eso, es a través de la muerte. Esto se expresa gráficamente por nuestra sepultura con Cristo en el bautismo, y nuestra resurrección de las aguas de la muerte a la vida en Cristo (véase Romanos 6:4).

¿Qué es lo que sucede realmente a través de este hecho crucial de iniciación? Buena parte de la tradición evangélica, junto con la práctica contemporánea de muchas iglesias, nos ha dejado con una percepción debilitada del significado del bautismo. Armamos argumentos extensos para asegurar que no abrazamos la idea de que el bautismo produce la regeneración. Enfatizamos que no debemos dar al bautismo una interpretación mecánica o ritualista. Rechazamos cuidadosamente toda interpretación mística o sacramental. En realidad, hacemos tantos esfuerzos para proclamar lo que NO es el bautismo, que muchas veces terminamos sin dejar en claro lo que sí es. Y lo que es, es muy serio.

El bautismo es la iniciación de una relación de pacto con el Dios vivo, un Dios que toma muy en serio el significado del pacto. Por el hecho de que hemos restado valor a este acto, terminamos fabricando una variedad de experiencias para suplementarlo. Cuando nos damos cuenta que el nivel de nuestra consagración y compromiso con el Señor está en falta, echamos mano a "avivamientos", servicios especiales de consagración, una "segunda bendición", promesas y votos frente a un fogón, o caminatas hasta el frente para afirmar una "nueva dedicación".

Cada una de estas experiencias puede tener algo de validez. Pero ninguna de ellas trata con el problema de fondo. Porque el problema de fondo es una interpretación equivocada de lo que significa la iniciación a la relación de pacto entre Dios y su pueblo.

Para resolver el problema es esencial revisar los términos de esta relación. Pues si no resolvemos nuestro problema sobre el significado que tiene el iniciar una relación de pacto, es inevitable que terminemos proponiendo toda clase de agregados y ajustes después de bautizados. La aceptación, entonces, de estos elementos agregados se torna en el nuevo criterio de identidad, y los que no están de acuerdo son tratados como disidentes. Esto es sectarismo y, si avanza, destruirá toda conciencia de que somos pueblo.

Debemos tener en claro esta advertencia: todo lo que se añade al bautismo produce una separación arbitraria entre los que han sido bautizados, o sea, los cristianos. Esto es contrario a la voluntad de Dios. Él nos ha unido consigo mismo y los unos con los otros por la unión con Cristo en su muerte y resurrección, sin requerir nada más. El bautismo implica ser adoptados como miembros de la familia de Dios. Es parte del sello del pacto que nos hace partícipes con su pueblo.

¿De qué manera podemos remediar la situación de los muchos casos de cristianos que no reconocen un compromiso serio con Cristo, que no son radicales en su devoción al Señor, o aun de aquellos cuya conducta contradice su profesión de Cristo? Dicho sucintamente, es cuestión de completar lo que falta en su experiencia o en su comprensión del paso inicial. Pero no es cuestión de agregar elementos a lo que está implícito en ese paso.

Lo ilustro de la siguiente manera. Al aconsejar a matrimonios desavenidos, a veces me he encontrado con algunos que simplemente no están dispuestos a soportar una relación matrimonial difícil. Dicen que ya no aman más al cónyuge, o que tienen demasiados problemas, o que uno (o los dos) ha cometido una grave ofensa y que el otro no está dispuesto a perdonarlo. Su atención está concentrada en alguna dificultad que ha surgido en su relación, que sirve para quitar su vista del compromiso original. Mi consejo es: "Volvamos a considerar lo que significa el pacto matrimonial". Aquí está el fundamento. Se trata de un compromiso solemne que perdura delante de Dios y los hombres. Es lo que los une en matrimonio.

Las situaciones complejas, las desilusiones, las acusaciones y contra acusaciones se desvanecen frente a la pregunta clave: ¿Vivirás según ese pacto y todo lo que representa, haciendo los ajustes necesarios en tu vida? ¿O faltarás al pacto, para enfrentarte con serias consecuencias?

No se puede justificar la falta basándose en la ignorancia. Tampoco basada en la incompatibilidad. Ni en la debilidad. No se pueden esquivar los compromisos de un pacto. O se guarda el pacto o se lo quiebra. No existe otra posibilidad más suave.

No podemos tratar el pacto con liviandad o trivialidad, sin dañar la institución misma del matrimonio. Desde luego, si realizamos el matrimonio según nuestros propios términos, a nuestra manera, es otra cosa. Pero, al menos, seamos suficientemente sinceros para admitir que eso no es lo que Dios llama matrimonio, por no fundamentarse en lo que él estableció.

BAUTISMO Y RENDICIÓN

La cuestión es aun más seria cuando se trata del tema del bautismo como entrada a la vida cristiana y la iglesia. Precisamos revisar la clase de evangelio que predicamos y el significado que acordamos al bautismo si hemos de remediar el problema en sus raíces. Es un asunto tanto teológico como práctico.

¿Pedimos demasiado cuando esperamos que los nuevos creyentes comprendan el pleno significado de tan profundo nivel de compromiso y rendición? Tal vez. Pero el problema mayor puede ser la comprensión y la práctica de los que queremos llevar rápidamente a muchos adeptos al reino de Dios. Nos entusiasmamos con números y estadísticas. Rendimos culto al altar de "iglecrecimiento". Nos volvemos impacientes con la obra del Espíritu Santo en una vida, olvidando que él no está siempre tan apresurado como nosotros. Suponemos que hemos dejado en claro las condiciones del pacto. Estamos convencidos de haber comunicado la verdad de Dios con claridad y convicción.

Pero, ¿es cierto? ¿O hemos empujado con demasiado afán y demasiada rapidez, buscando sólo "decisiones"? "Pase al frente, firme la tarjeta, repita conmigo la oración, bienvenido al reino, lo veremos en el culto". Aconsejamos a los jóvenes a no apresurarse con el pacto matrimonial. ¿Pero aconsejamos a los potenciales convertidos a no apresurarse a entrar en una relación de pacto con el Dios todopoderoso?

Muchos llegamos a darnos cuenta del profundo significado de nuestro bautismo meses o aun años después de la experiencia. Entonces, de allí en más, es nuestra responsabilidad ser consecuentes con ese compromiso. Si no hemos comprendido, si no hemos sido fieles al compromiso asumido con nuestro Dios, entonces debemos confesar esa falta, arrepentirnos, y comenzar inmediatamente a vivir como integrantes del pueblo de Dios.

Nadie puede saber lo que serán las consecuencias de una completa rendición, como tampoco puede uno conocer los sucesos y las circunstancias que aparecerán después de sus votos matrimoniales. Es precisamente por eso que los términos deben ser claros desde el principio. Los que se comprometen deben entender que todas las posibles dificultades han sido tomadas en cuenta en el compromiso original. La única forma de desligarse de tal obligación es quebrar el pacto y atenerse a las consecuencias. Lo que no es aceptable es la posibilidad de modificar los términos del pacto para conformarlo a nuestro gusto o a nuestras debilidades.

¿Cómo puede Dios requerir de nosotros semejante compromiso total al principio? Es porque él conoce el fin desde el principio. Él también tiene perfecto conocimiento de lo que somos. Y él ha prometido acompañarnos y ser nuestro Dios, nuestra vida y nuestro defensor. Su gracia es suficiente y su misericordia dura para siempre. Nada de lo que ocurre le toma de sorpresa. Sobre todo, son su presencia y su poder en nosotros los que nos capacitan para cumplir todas sus exigencias.

Este nivel de confianza y compromiso de parte nuestra hacia Dios es simplemente el reconocimiento de que él es nuestro Dios y que nosotros somos su pueblo. No nos pertenecemos más. Cuando fuimos sepultados con él por el bautismo, morimos a nuestros propios intereses, y fuimos resucitados con la vida de Cristo. Somos parte de su nueva creación. Pertenecemos sólo a él, y nuestros miembros han de ser "instrumentos de justicia" (véase Romanos 6:13).

Pablo lo plantea de la siguiente manera:

> Ustedes saben muy bien que si se entregan como esclavos a un amo para obedecerlo, entonces son esclavos de ese amo a quien obedecen. Y esto es así, tanto si obedecen al pecado, lo cual lleva a la muerte, como si obedecen a Dios para vivir en la justicia. Pero gracias a Dios que ustedes, que antes eran esclavos del peca-

do, ya han obedecido de corazón a la forma de enseñanza que han recibido. Una vez libres de la esclavitud del pecado, ustedes han entrado al servicio de la justicia.

Romanos 6:16–18

Más adelante en la misma epístola, vuelve a tratar el tema con una exhortación similar:

> Por tanto, hermanos míos, les ruego por la misericordia de Dios que se presenten ustedes mismos como ofrenda viva, santa y agradable a Dios. Este es el verdadero culto que deben ofrecer. No vivan ya según los criterios del tiempo presente; al contrario, cambien su manera de pensar para que así cambie su manera de vivir y lleguen a conocer la voluntad de Dios, es decir, lo que es bueno, lo que le es grato, lo que es perfecto.

Romanos 12:1,2

Pablo comprende el compromiso cristiano como la lógica consecuencia de nuestra rendición inicial ante Cristo el Señor. No se trata de un nivel avanzado de la fe cristiana, como si los cristianos pudieran ser divididos entre primera, segunda y tercera clase. El Espíritu Santo que reside dentro de nosotros, nos anima a vivir según las normas del pacto con el que Dios nos unió a él como su pueblo. Negar esa operación divina equivale a responder que no nos interesa ser su pueblo.

Rendirnos a Cristo nos involucra implícitamente con todos los demás que le pertenecen. Cuando el compromiso del pacto es reconocido y honrado por el pueblo de Dios, entonces nuestras relaciones se caracterizan por lealtad, fidelidad, integridad y confianza. Hablamos verdad con los prójimos, nos mancomunamos cuando los tiempos se vuelven difíciles, aseguramos que a ningún hermano o hermana le falte lo que necesita, nos servimos los unos a los otros con amor, levantamos a los que caen, exhortamos y animamos a los débiles.

En resumen, damos a entender que juntos somos el pueblo del Señor. Nuestro secreto es este: ¡Emanuel, Dios con nosotros! Es el significado de la ligadura del pacto que nos une. Y es la razón por la cual podemos honrar el compromiso total.

---

1. J. Arthur Thompson, artículo sobre *Covenant (OT)* [Pacto (AT)], en *INTERNATIONAL STANDARD BIBLE ENCYCLOPEDIA* (Grand Rapids, MI: Eerdmans Publ. Co., 1979), p. 790.
2. O. Palmer Robertson, *The Christ of the covenants* (Philipsburg, NJ: Presbyterian & Reformed Publ. Co., 1980), p. 4.

Ocho

De generación en generación

Cuando Adán recibió el mandato divino de multiplicarse, llenar la tierra y ejercer dominio sobre ella, no podría haber imaginado cuánto estaba involucrado en esa comisión. Pero pronto una realidad le resultaría muy clara: sería imposible cumplir el mandato de inmediato. Tendría que planificar para el futuro.

Además, una vez que la enfermedad y la muerte llegaron a formar parte de su experiencia, se dio cuenta de que mucho de lo que él pudiera realizar sería apreciado sólo por las generaciones que le seguirían. De modo que debió asumir cierta responsabilidad para las próximas generaciones y procurar dejar un legado sobre el cual sus descendientes seguirían edificando.

Al pasar el tiempo y al extender el hombre su dominio — y algunas veces saqueo — de la tierra, el cumplimiento de las promesas de Dios parecía cada vez más lejano, obligando al hombre a considerar que muchas cosas estaban más allá de su alcance inmediato. Por lo tanto, le tocó aprender el significado de la esperanza y de la paciencia.

Paulatinamente, se encontró bajo la presión inevitable de una situación muy apropiada — por más que fuera incómoda — de su naturaleza humana finita. Del pasado heredó lo bueno y lo malo de sus antepasados. Sobre eso poco podía hacer; era una realidad de la cual no podía escapar. Por otro lado, se presentaba un futuro incierto ante él: a veces brillante, pero a menudo presagiando oscuridad y pesar.

De a poco, se dio cuenta que no tenía libertad para hacer lo que quisiera. Él mismo era producto de su historia, con raíces en el pasado, limitando sus opciones. A la vez, era la creación de Dios, con la vocación solemne y maravillosa de extender su dominio en la tierra como representante de Dios el creador.

Naturalmente, no hemos de suponer que todos los hombres tuvieron semejante percepción de su vocación. Quizá unos pocos. Pero el propósito de Dios representaba un gran desafío. Tal conciencia obligaría a un hombre a evaluar sus posibilidades, asumir una responsabilidad seria frente a su propia generación y área de influencia, y avanzar hacia el futuro con confianza y obediencia al Señor, su hacedor y redentor. Cuando los hombres obedecieron sus impulsos de egoísmo y dejaron que su visión miope prevaleciera sobre la visión de largo alcance a la cual fueron llamados, Dios les recordó que sus pecados y su negligencia serían visitados sobre la tercera y cuarta generaciones.

Abraham, un hombre de muchos bienes y posibilidades, tuvo que esperar durante décadas por un Dios de infinita paciencia, a fin de que aprendiera a caminar en fe y obediencia. Esta era la única manera de asegurar que pudiera hacer frente a las responsabilidades que le tocaban. En verdad, Abraham murió sin recibir mucho de lo que el Señor le había prometido. Pero lo pudo hacer suyo por la fe. Jesús dio testimonio de que Abraham "se gozó de que había de ver mi día; y lo vio, y se gozó" (Juan 8:56). Es un ejemplo de la visión y posesión anticipada de un hombre de fe.

En verdad, la fe es tanto para el futuro como para el presente. Fe es "tener la plena seguridad de recibir lo que se espera; es estar convencidos de la realidad de cosas que no vemos. Nuestros antepasados fueron aprobados porque tuvieron fe" (Hebreos 11:1,2).

El mismo autor de estas palabras concluye su catálogo de los héroes de la fe con esta apreciación:

> Sin embargo, ninguno de ellos recibió lo que Dios había prometido, aunque fueron aprobados por la fe

que tenían; porque Dios, teniéndonos en cuenta a nosotros, había dispuesto algo mejor, para que solamente en unión con nosotros fueran ellos hechos perfectos.
Hebreos 11:39,40

Es Dios quien une las generaciones unas con otras. Pero lo hace a través del ejercicio de fe de los que andan con él, aquellos que reconocen el mandato vocacional que recibieron de Dios.

Una máxima conocida reza: "Ningún hombre es una isla". Socialmente, es verdad. También es verdad que ningún hombre es simplemente *un momento*, un punto en el reloj cósmico. Toda persona es un puente en el tiempo, uniendo la historia que la precede con la promesa del futuro. Si hay algo seguro acerca de la revelación divina, es que el ser humano tiene un futuro. La historia del hombre no terminará en la nada. Dado que es así, hemos de aprender a valorar el pasado, porque nos da la clave de lo que está por delante.

EVALUACIÓN PERSONAL

Si nos ha de servir, nuestra evaluación del pasado no debe limitarse a unas observaciones generalizadas. Debe ser también personal. Desde luego, todos somos producto de nuestra propia historia. En cuanto a la heredad religiosa, esa tradición puede ser pagana, católico romana, protestante u otra.

En el caso mío, heredé la tradición evangélica de mis padres. Nacido y criado en el "cinturón bíblico" del sur de los Estados Unidos, adopté más tarde como propias las convicciones así como los prejuicios que caracterizaban a mis asociaciones más inmediatas y familiares.

En mi juventud fui protestante y sectario, convencido de la legitimidad de la franja particular del espectro cristiano evangélico donde me encontraba. Con semejante marco limitado de referencia, no es extraño que haya sido bastante miope en mi apreciación de los que tenían convicciones diferentes de las mías.

Ya mencioné mi experiencia en la marina al encontrar una congregación de otra denominación desconocida para mí, un pequeño grupo de cristianos genuinos y amorosos. Esa experiencia causó en mí un efecto profundo. Nunca más podría volver a mi sectarismo estrecho. Una vez liberado de mi estrechez, decidí explorar lo que existía más allá de mi reciente descubrimiento.

Mientras estudiaba en la universidad, después de salir de la marina, seguía mi búsqueda en el horizonte. En verdad, lo que quería hallar era algo más parecido al marco original de la iglesia, acorde con lo que estaba encontrando en mi estudio de las Sagradas Escrituras. Estaba interesado en descubrir mis raíces espirituales, aunque al momento sentía que estaba vagando sin rumbo en la neblina. Tenía la convicción de que el significado de mi herencia cristiana no se aclararía mientras me viera encerrado en mi situación tradicional.

Me acuerdo de las ocasiones en las que hallaba alguna referencia a los "padres de la iglesia". Me aferré con pasión a lo que pude encontrar acerca de Agustín, Tertuliano, Eusebio o el Didaqué. Cuánto más leía las Escrituras y la patrística, más insatisfecho me sentía con la situación contemporánea. ¡Algo se había perdido! Algo de la herencia original se había traspapelado, encubierto u olvidado en los siglos de transmisión de una generación a la otra. Me propuse descubrir la parte de la herencia que faltaba.

¿Qué pasó con la herencia que Jesús dejó a los apóstoles? ¿No les había dicho que deberían enseñar a los primeros cristianos "todas las cosas que [les había] mandado" (véase Mateo 28:20)? El relato bíblico parece indicar que, al menos, ellos fueron fieles a esa comisión. Entonces, ¿qué pasó con la próxima generación? ¿Y qué de la siguiente?

La historia de la iglesia — al igual que la historia antigua de Israel — no es un relato de continuas victorias, fidelidad e integridad espiritual. Contrariamente a lo que habría que esperar de los participantes del nuevo pacto, son muy evidentes las faltas y los desvíos en las generaciones sucesivas. ¿Es que la situación, entonces, nos deja sin esperanzas de recuperación? ¿Estamos otra vez en foja cero? Una ilustración conocida nos ayudará a apreciar el significado del eslabón entre las generaciones sucesivas.

UNA ANTORCHA ENTRE VARIOS

Cada cuatro años se celebran los juegos olímpicos, cuando los mejores atletas del mundo compiten amistosamente en pruebas de gran destreza física, batiendo a menudo los récords mundiales. Pero antes de iniciarse los juegos, una antorcha es llevada, en una carrera de relevos, desde su antiguo escenario en Grecia hasta la localidad de los juegos de turno. Participan muchos corredores, ante la vista de miles de espectadores.

Cada corredor individual es un protagonista clave desde el momento en que recibe la antorcha hasta pasarla al próximo. Su tarea puede complicarse por mal tiempo, por alguna dificultad física propia, o por obstáculos que se deben sortear en el camino. De todas maneras, se define su tarea en términos simples: llevar la antorcha encendida por el tramo de senda que le toque cumplir, y luego entregarla al siguiente corredor.

Cada entrega de la antorcha no significa el fin de la carrera; sólo es el punto terminal de su participación parcial. La conclusión triunfal de la carrera de relevos ocurre cuando el último corredor llega a encender el fuego en el nuevo estadio de los deportes. Y eso, en realidad, es apenas el principio. Es la señal de que los juegos pueden comenzar.

Nuestra herencia se parece a esa carrera de relevos. Adán tomó la antorcha de la mano de Dios, y la entregó a la mano extendida de la generación siguiente. Noé la llevó en alto a través de tiempos muy oscuros, hasta alcanzar la luz de un día de nuevas esperanzas. Luego le tocó a Abraham, y el camino comenzó a aparecer con más claridad que antes. Siguió la carrera; la antorcha siguió de mano en mano. A Isaac. A Jacob. A las tribus de Israel. A través del camino sinuoso de los siglos se puede ver en el horizonte del paisaje bíblico la sucesión de siluetas de individuos corriendo con fuerza, con ánimo, manteniendo en alto la antorcha: Moisés, Josué, David, Isaías, Josías, Esdras, Juan el Bautista, y muchos más.

Por fin, el legado glorioso se ve en todo su esplendor celestial cuando Cristo aparece como el Hijo del Hombre. La llama de la antorcha arde con nuevo brillo. "Hemos visto su gloria", escribió Juan, "la gloria que recibió del Padre, por ser su Hijo único, abundante en amor y verdad" (Juan 1:14).

Unos años después de recibir los apóstoles la antorcha, la luz comenzó a llenar el mundo. La revelación comunicada a los cristianos del primer siglo en el poder del Espíritu Santo fue tan gloriosa que multitudes de judíos y grandes cantidades de gentiles abrazaron la fe. No obstante, en los siglos subsiguientes hubo largos períodos en los que parecía que la antorcha casi se apagaba.

Pero vez tras vez, Dios — el Dios fiel que cumple las dos partes del pacto, que resucita a los muertos, que despierta a los dormidos, que da gracia cuando no hay más fuerza ni esperanza — levantaba a hombres y mujeres fieles e intrépidos, quienes a su vez alzaban la antorcha del testimonio en medio de la oscuridad.

¡Dios nunca se quedó sin testigo! La herencia está intacta. Pero tiene que ser descubierta y apreciada por corazones que ardan y que estén plenamente comprometidos con el Padre celestial.

¿QUÉ ES LA HERENCIA?

El diccionario nos informa que *herencia* es una propiedad o algo de valor que se transmite a las generaciones sucesivas. Otra palabra sinónima es *heredad*. La herencia o heredad puede incluir también la cultura, las tradiciones y las características étnicas o sociales. Una palabra afín, *patrimonio*, se refiere a la hacienda o bienes raíces heredadas de un padre, aunque por asociación ha llegado a significar cualquier bien transmitido de parte de un ancestro. Otro concepto relacionado, especialmente en el Antiguo Testamento, se conecta con la palabra *primogenitura*, que tiene que ver mayormente con los derechos de propiedad correspondientes al primer hijo varón de una familia.

Las Escrituras enfocan este asunto en repetidas ocasiones. Yahveh se da a conocer a su pueblo como el creador y dueño de todas las cosas (véanse Génesis 1:1; Levítico 25:23; Salmo 24:1,2). Es él quien da a sus escogidos la tierra de Canaán como herencia (véanse Génesis 15:7; 17:8; Josué 1:2–4). El pueblo de Israel se llama la heredad de Yahveh (véanse Deuteronomio 9:26–29; Isaías 19:25) y la propiedad o posesión de Dios (véanse Éxodo 19:5; Deuteronomio 7:6; 14:2). Aunque se le da la tierra de Canaán como heredad, se requiere a las tribus de Israel que la conquisten y habiten a través de la fe y obediencia (véanse Éxodo 23:30; Números 26:52–56; Josué cap. 13).

Saltan a la luz algunos conceptos importantes cuando estudiamos lo que las Sagradas Escrituras revelan acerca de la herencia o el patrimonio. Las leyes de Moisés establecieron ciertas normas que regían su importancia y su transmisión. Al respecto escribió J. Eichler:

> La idea de herencia en la Biblia nos recuerda que Dios no quiso que el hombre llevara una existencia autónoma, aislada, autosuficiente. La vida del hombre tiene un lugar específico en el gran movimiento de la historia... El concepto de herencia expresa una relación fundamental entre Dios y el hombre. Asienta el deseo de Dios de dar a su pueblo un hogar seguro.[1]

Otro autor, R.J. Rushdoony, señala que:

> El propósito de una herencia es una porción o bendición providencial, que hace posible que los piadosos extiendan su dominio sobre la tierra.

Con respecto a su significado para la familia, añade:

> Para entender el significado de la heredad, es necesario reconocer que en la estructura legal bíblica, la tierra y la propiedad pertenecen a la familia, no al individuo.[2]

La palabra hebrea básica que se usa para heredad en el Antiguo Testamento es *nahala*. Aparece 223 veces y se refiere a lo que es o puede ser transmitido como una herencia, lo que pertenece a uno por derecho ancestral, o en forma permanente. Las siguientes ideas se incluyen en el uso de esta palabra como herencia:

- Se puede adquirir sólo por obsequio de otro.
- Es una porción de algo mayor.
- No puede ser vendida o regalada excepto a sus herederos legítimos.
- Tiene sus raíces en el pasado, y abre una perspectiva hacia el futuro.
- Debe ser cuidada por los dueños actuales (o los mayordomos).
- Los dueños actuales pueden explotarla y usufructuarla.[3]

NUESTRA HERENCIA CRISTIANA

En el Nuevo Testamento, el concepto de la heredad como tierra de Canaán es reemplazado y expandido para incluir toda la tierra (véase Mateo 5:5), el reino de los cielos (Mateo 5:10), la vida eterna (Mateo 19:29), la salvación (Hebreos 1:14), lo que es incorruptible (1 Corintios 15:50), lo que ha sido prometido (Hebreos 6:12; 10:36), la bendición (1 Pedro 3:9), lo que es incontaminado, inmarcesible y reservado en los cielos para nosotros (1 Pedro 1:4) y "todas las cosas" (Apocalipsis 21:7).

El apóstol Pablo recuerda a los efesios que han sido sellados con el Espíritu Santo que "es el anticipo que nos garantiza la herencia que Dios nos ha de dar, cuando haya completado nuestra liberación y haya hecho de nosotros el pueblo de su posesión" (Efesios 1:14). Más adelante, menciona "cuán gloriosa y rica es la herencia que Dios da al pueblo santo" (1:18).

Nuestra herencia cristiana, entonces, nos relaciona con el pasado, el presente y el futuro. Nos involucra en la participación benévola de Dios en la historia. En el desarrollo de su propósito redentor en el mundo, hemos sido escogidos, sellados, adoptados, hechos herederos de Dios y coherederos con Cristo y los unos con los otros. Todo esto es anticipo de una culminación victoriosa, pero no sin conflictos ni sufrimientos.

No merecemos nada de esto. Lo que tenemos es siempre una expresión de la bondad y generosidad de Dios en la realización de su determinada voluntad de hacer de Jesucristo el Señor de todo. En realidad, él es el heredero de todas las cosas; todos los propósitos y obras de Dios se dirigen hacia él y terminan en él (véanse Romanos 11:36; Colosenses 1:15–20). Dios en su bondad se propuso realizar en Cristo "el designio secreto de su voluntad".

Y este designio consiste en que Dios ha querido unir bajo el mando de Cristo todas las cosas, tanto en el cielo como en la tierra.

Efesios 1:10

UN ASUNTO DE FAMILIA

La fe en Cristo nos une inevitablemente con el pasado, a través de la herencia de fe y de vida espiritual que nos ha llegado por medio de nuestros ancestros temerosos de Dios. Es el colmo de la insensatez suponer que podemos desdeñar el pasado, olvidarlo o quebrar toda relación con él, en el afán de comenzar a foja cero por cuenta propia, haciendo las cosas como nos parece mejor. La verdad no comenzó con nosotros, ni tampoco la vida, ni el poder, ni la virtud, ni la sabiduría. Pero, si podemos vernos como herederos de un patrimonio rico por nuestra unión con Cristo en la familia de Dios, entonces no importa en qué punto comienza nuestra participación personal, ya que entramos con un lugar seguro, una posesión garantizada, y con riquezas espirituales, para iniciar nuestra peregrinación. El patrimonio heredado nos orienta en la dirección correcta, de modo que no hay razón para desorientarnos.

Otra faceta valiosa de esta verdad es la forma en que la herencia nos relaciona los unos con los otros en la familia de Dios, como una comunidad. La herencia no es una posesión individual; pertenece a toda la familia. Estamos asociados en una relación vital con nuestros coherederos. No podemos aislarnos en un rincón para contar nuestros bienes particulares. Permanecemos en pie juntos, o caemos juntos; y Dios nos puede dar firmeza para quedar en pie.

Esta fuerza comunitaria, este apoyo familiar, es de gran valor. Cuando estoy personalmente bajo presión y tengo que retroceder, nunca me encuentro con la espalda descubierta. Al contrario, cuando me es necesario retroceder, encuentro al pueblo de Dios detrás de mí y conmigo. Encuentro significado y fortaleza en aquellos con quienes comparto lo que nuestro Padre celestial nos ha concedido como heredad. De la manera en que el pacto provee un fundamento para el pueblo, la herencia es el elemento dinámico que integra, identifica y enriquece las nuevas generaciones que surgen entre nosotros.

NUESTRA RESPONSABILIDAD

Aquí encontramos lecciones de valor sobre nuestra relación con la historia y con el contexto social. La heredad que hemos recibido ha de ser explotada mientras sea nuestra posesión, a fin de extender el dominio que Dios ha decretado para su pueblo en la tierra. Hemos de acostumbrarnos a contemplar las cosas a largo plazo, y abandonar la visión miope. No debemos asumir una actitud pasiva, ni de derrota; es nuestra responsabilidad "negociar" hasta que venga Cristo (véase Lucas 19:13). El Señor plantó una vid en la tierra, y propuso que creciera y llenara la tierra (véase Salmo 80:8–11). Nuestra tarea es cuidarla y guardarla de las "bestias del campo" (Salmo 80:12) para que crezca. Porque su destino es crecer y llenar la tierra.

Fidelidad a la tarea asignada siempre implica crecer en el reino de Dios. Y si somos fieles al Señor en cuanto a la heredad que nos ha tocado, la habremos de acrecentar a través de nuestra propia participación en fe, nuestro "negocio" en confianza y obediencia. También tendremos que guardar la heredad de toda contaminación y tergiversa-

De generación en generación

ción. Todo lo que el Señor nos ha dado, a la larga tiene que volver a él. Antes de que eso ocurra, la voluntad de Dios es que la heredad sea enriquecida por la fe y obediencia de los santos.

No importa cuánto experimentamos de la bondad de Dios, de su gracia y grandes riquezas, ¡siempre hay más! Sea cual fuere la herencia que conocemos personalmente o que experimentamos como comunidad, siempre debemos entender que es sólo una porción del todo. Siempre hay más de lo que está a la vista. Pero eso que está más allá siempre tendrá las mismas características básicas; siempre será sellado con su bondad y poder, su verdad y fidelidad. No hay sitio donde el cristiano puede ponerse cómodo, presumiendo que ya llegó, que ya ha visto todo el espectáculo, que el sol ya se puso, que lo mejor está en el pasado. Al contrario, ¡lo mejor está por delante! Ha de ser así hasta que nuestro Señor ponga a todos sus enemigos debajo de sus pies.

Finalmente, tenemos que aprender a valorar los medios que Dios usa para transmitir su heredad a las nuevas generaciones que surgen entre su pueblo. Él usa canales humanos, circunstancias, relaciones, aun pruebas y dificultades, para enseñarnos sus caminos y comunicarnos su gracia. Él usa todos estos métodos, todas estas herramientas. Pero hay algunas herramientas que usa más que otras.

La vida cristiana en familia es una herramienta apropiada que a Dios le deleita utilizar y, en especial, los padres tienen la responsabilidad de transmitir la herencia a sus hijos.

La estructura cristiana comunitaria es otra herramienta muy útil. Esto incluye el gobierno de la iglesia, la responsabilidad pastoral y el ministerio de enseñanza de la palabra y de los caminos de Dios. Cuando el magisterio es inspirado y responsable, logra transmitir el patrimonio a toda la comunidad.

El discipulado cristiano es una herramienta poderosa, porque comunica verdad, orientación y comportamiento cristianos a los nuevos creyentes. Obra efectivamente a través del compromiso responsable de los que tienen mayor madurez.

Los dones y ministerios espirituales, repartidos soberanamente por el Espíritu Santo, a menudo logran resultados similares. Estos carismas son empleados por el arquitecto divino según sus planes, que a veces nos resultan misteriosos.

Por todos los medios que Dios quiere usar para realizar su propósito en nosotros, siempre debemos entender que la herencia que hemos recibido de gracia por la fe nos hará un pueblo feliz y contento. Por eso hemos de humillarnos en profunda gratitud delante de él. Somos el pueblo de Dios.

> Tú, Señor, eres mi todo;
> tú me colmas de bendiciones;
> mi vida está en tus manos.
> Primoroso lugar me ha tocado en suerte;
> ¡hermosa es la herencia que me ha correspondido!
>
> Salmo 16:5,6

---

1. Colin Brown, editor, *New International Dictionary of New Testament Theology* (Grand Rapids: Zondervan Publ. House, 1976), Vol. 2, p. 295.
2. Rousas John Rushdoony, *Law and Society* (Vallecito, CA: Ross House Books, 1982), pp. 179, 182.
3. F.J. Pop, *Palabras bíblicas y sus significados* (Buenos Aires: Editorial Escatón, 1972), p. 180.

Nueve

Nuestro "pedigrí" es de primera

El significado de las raíces personales cobró realce en mí hace unos años de un modo totalmente inesperado. Había prometido a Gloria, nuestra hija menor, regalarle un cachorrito para su cumpleaños. Ella quería un Cocker Spaniel, y decidí procurar uno con pedigrí. Nunca había visto un pedigrí, pero eso quería. Buscamos en los clasificados del diario hasta encontrar el aviso que captó nuestra atención: "Cachorros de Cocker Spaniel en venta, con pedigrí". La dirección era bien lejos, en el sur de la ciudad. Así que al día siguiente, con mi esposa e hija, subimos al auto rumbo al encuentro con el perrito.

Allí estaban, cinco cachorritos dorados con unos dos meses de edad. Naturalmente, mi hija eligió el más hermoso (¡y el más caro!); su papá pagó la suma requerida, y marchamos hacia la puerta de la casa. En eso la dueña me alcanzó un pequeño papel con las palabras: "Aquí está el certificado del cachorro". ¡Casi me había olvidado! Con ese certificado de nacimiento, tuve que hacer un viaje al Buenos Aires Kennel Club, pagar otra tarifa, esperar todo un mes, y luego volver por el pedigrí del perrito.

Al fin, llegó el gran día. Cuando fui para retirar el documento esperado, me di cuenta que no estaba preparado para la ocasión. Resultó ser un certificado con una apariencia muy oficial, hecho en papel pesado con caligrafía hermosa y muchos nombres. Todo estaba presentado en orden genealógico, trazando el árbol ancestral de nuestro cachorrito a sus padres y hermanos, sus abuelos y bisabuelos, cada perro con su nombre oficial y su número de registro.

Cuando volví a casa fui derecho a la Biblia de familia para satisfacer mi curiosidad. ¡Y se confirmaron mis dudas! Con ese solo pedigrí, ya sabía más acerca de los ancestros de nuestro perrito que de los míos. Desde entonces, mi señora y yo hemos hecho unas investigaciones propias para aclarar el misterio sobre nuestros antepasados. ¡Me da pena admitir que un perro me gana!

CUESTIONES DE IDENTIDAD PERSONAL

Se está volviendo cada vez más difícil encontrar un lugar apropiado para hacer frente al mundo excesivamente grande y competitivo. Pero, si podemos saber quiénes somos y sentirnos integrados en un marco de relaciones profundas y de confianza, tendremos una ventaja muy grande en la resolución de este dilema.

La cuestión de la identidad personal pocas veces preocupa a un niño. En cambio, cuando llega a la adolescencia comienzan a surgir preguntas:

¿Quién soy yo?
¿Cuál es mi lugar en este mundo?
¿Tengo yo un valor propio?
¿Hay alguien que me aprecie en verdad?

Si en su infancia uno ha tenido un hogar feliz, con padres que se caracterizaron por su afecto, su comprensión, su educación y disciplina, su preocupación, lo más probable es que uno no tenga mucha dificultad para hallar las respuestas que precisa, al menos inicialmente. Porque un hijo, normalmente, halla su lugar en la vida como consecuencia natural de su relación familiar. Lleva el apellido de su papá. En su cara, en su cuerpo y en su personalidad están estampados los signos físicos y emocionales que provienen de sus padres. Su órbita social, su fe, su visión del mundo, y aun sus prejuicios se determinan mayormente por la familia. Pero cuando esta relación está marcada por cicatrices, experiencias negativas, faltas serias o por ausencias pronunciadas, se suscitan dudas y problemas con respecto a la identidad personal.

Hace unos años conocí a un joven que había sido criado por su padre en un hogar donde había sólo varones. El único otro miembro de la familia era un hermano menor. El joven no había visto a su madre o hermana desde la infancia. Ni sabía dónde vivían. Después de entregarse a Cristo, se hizo evidente la falta del elemento materno en la formación de su personalidad. Por lo tanto, se le aconsejó procurar encontrar a su madre y hermana, como parte de la respuesta que necesitaba frente a sus preguntas sobre su identidad. Al encontrarlas, el efecto fue maravilloso: había hallado otra parte de sí.

También recuerdo a un joven que no conoció a su padre. Éste había abandonado el hogar cuando él era bebé. Para completar algo que faltaba en su personalidad, le resultaba imperativo hallar a su papá. Una vez lograda esa meta, encontró respuestas a sus preguntas de años, y también halló paz interior, aunque el contacto no ofreciera mucha posibilidad de una relación estrecha.

Un plomero, que era inmigrante de un país vecino, se convirtió en una ciudad argentina cerca de la frontera, y pronto se integró allí a una comunidad cristiana. Durante años había sido conocido sólo por un apodo un tanto despectivo. Muchos lo despreciaron por su acento obvio de extranjero. Pero cuando el pastor lo presentó a los demás hermanos, sabiamente pronunció con cuidado su nombre propio y lo trató con dignidad. Los hermanos captaron el mensaje del pastor y lo acompañaron con buen ánimo. El nuevo creyente comentó más tarde que nunca había sido tratado con tanto respeto. Encontró así un nuevo hogar.

Es difícil construir un verdadero sentido de comunidad con personas que no están seguras de su propia identidad. Tales personas suelen sufrir de inseguridad, que se observa en su trato con otros. No saben tratar a los demás con deferencia y respeto. A veces se vuelven defensivos, suponiendo que otros los tratan con desdén. Tener un adecuado amor propio facilita grandemente las relaciones interpersonales. Por lo general, una persona adquiere su sentido de autoestima a partir de la manera en que es tratada por sus padres y en las demás relaciones personales. Cuando estas relaciones no han tenido un efecto positivo, es necesario resarcir el daño y ayudar a la persona a comenzar a pensar de sí como Dios piensa de ella. En estos casos la relación comunitaria ha de asumir un papel terapéutico. Pues si hemos de tratar a otros con respeto, es necesario sentir que se nos trata con respeto.

Estas son realidades, aunque no siempre placenteras. Nadie podría llegar a ser lo que es sin la combinación particular de factores que dieron forma a su personalidad. Debido al hecho de que los factores principales en la formación personal son los que se conocieron en el hogar y en la infancia, es importante que sepamos identificarlos y, cuando sea necesario, diagnosticar la naturaleza de los problemas y tomar medidas en fe y obediencia para lograr una buena relación social.

Algunos somos como el ganso que, según se dice, "despierta cada día en un mundo nuevo". No se ve ninguna continuidad de un día para otro, o de una generación a la próxima. Sin embargo, sea que la percibamos o no, la continuidad existe.

IDENTIDAD Y DESTINO

Las Escrituras revelan que Moisés tuvo una crisis de identidad propia. Habiendo sido criado en la casa de la hija del Faraón, tuvo acceso al esplendor, las riquezas y la sabiduría de los egipcios. Era marcado el contraste con la situación primitiva y miserable de los hebreos, sus hermanos de sangre. Pero al descubrir su identidad legítima como israelita, y al ver la miseria de sus hermanos, le resultó imposible permanecer indiferente ante la suerte que les tocaba.

Tiró al viento su destino manifiesto en la corte real, y se identificó con su propio pueblo, asumiendo como propios su desgracia y su destino. Tomó para sí su fe y sus luchas, aun cuando sus esfuerzos fueron mal interpretados por ellos. Obviamente, abrazó con convicción su vocación; no fue una acción política. Su sentido de identidad determinó su manera de ver las cosas presentes, su historia de allí en más, y con el tiempo el curso de naciones poderosas.

Ninguna persona puede determinar a solas su propia identidad o su destino. Aunque somos responsables de lo que hacemos con nuestras posibilidades y oportunidades, ninguno está en completa libertad para determinar su curso o su fin. Todos formamos parte de un contexto social.

Para la mayoría, ese contexto inicial es la familia. La manera en que nuestra familia maneja las distintas situaciones determina, por lo general, la forma en que nos relacionamos con el marco social mayor. Y cuando la familia está bien integrada en una comunidad mayor, los distintos miembros de la familia descubren con facilidad su identidad personal. Vale decir que nuestra identidad se deriva mayormente del contexto social inmediato.

ROMPER CON EL PASADO

La experiencia de nacer de nuevo en Cristo, a menudo nos obliga a enfrentar con seriedad la realidad de un marco familiar dañino, disfuncional o de mala formación. Es necesario hacer ajustes en los patrones de comportamiento que son inaceptables, inmorales o antisociales.

¿Qué pasa cuando uno se encuentra cautivo de una situación familiar dañina o malsana?

¿Hay esperanza de liberación?

¿Es posible cambiar?

¿Puede uno encontrar una nueva identidad en un contexto diferente?

Es aquí donde la iglesia como comunidad viene a ser un factor vital y necesario para el nuevo creyente. Si su experiencia de fe le introduce a un conjunto de relaciones afectivas, sanas, visibles y viables, descubre una nueva motivación en la vida. Encuentra una manera de modificar sus hábitos anteriores de comportamiento y adoptar un nuevo estilo de vida. Pero no es algo que puede hacer a solas o por cuenta propia. Ni es simplemente el resultado de su fe particular.

Ser cristiano, en el verdadero sentido de la palabra, es lo opuesto a ser una persona formada por sus propios esfuerzos. El cristiano es una persona hecha por Cristo; está siendo conformado a la imagen de Cristo. Su vida toma los contornos del contexto social dinámico en donde la forma de vivir es una respuesta consciente a los preceptos de Cristo y sus apóstoles. Anda por la senda donde otros han caminado, luchado y triunfado. Los que ya triunfaron se añadieron a la "grande nube de testigos" (véase Hebreos 12:1) que sirve de aliento a los que ahora corremos la carrera de la fe. Afirmar el paso en esa senda es unirse a otros que ya aprendieron a vivir armoniosamente bajo la norma de Cristo. Son ejemplos vivos que determinan la marcha y señalan el camino que hemos de seguir.

Ninguna estructura religiosa suelta, u orientada simplemente por la celebración de reuniones, puede pretender ofrecer la clase de integración social que se necesita, si ha de proveer un legítimo sentido de identidad a sus integrantes. La iglesia se diseñó en el corazón de Dios al estilo de una familia grande. Pero frecuentemente se parece más a un club religioso, una asociación suelta de identidades particulares. Aquellos que sufren de una pobre imagen de sí, o los que anhelan encontrar hermanos y hermanas en un contexto que abarque la vida real en todos sus distintos aspectos, no encuentran satisfacción ni realización en una participación tan suelta y sin compromiso. Buscan algo más coherente y familiar que un club.

Según las normas bíblicas, esta nueva asociación e identidad comunitaria se inicia con el bautismo. En muchas culturas con un contexto social pagano, aun los nombres de los convertidos se cambian al bautizarse, a fin de simbolizar un nuevo comienzo con un nuevo estilo de vida.

También surge del modelo bíblico la celebración de la cena del Señor como la comida comunitaria de este pueblo de Dios. Aunque en algunos casos se ha reducido a una ceremonia formal con una liturgia rígida, de tal manera que no cumple su propósito de unir, reconciliar, integrar e identificar al pueblo de Dios. Entre los cristianos primitivos, aparentemente se practicaba con mucha frecuencia, aun de casa en casa, como una de las expresiones más apreciadas de la vida en comunidad.

DESINTEGRACIÓN MODERNA VS INTEGRACIÓN COMUNITARIA

La revolución industrial y los cambios tecnológicos producidos con el paso del tiempo han resultado en la quiebra de la vida familiar tradicional. El marco rural relajado ha sido reemplazado por una concentración en las grandes urbes metropolitanas de multitudes que no se conocen. Mamá y papá están separados la mayor parte del tiempo por el trabajo; los hijos crecen, estudian y trabajan casi siempre fuera de casa.

De manera sutil y sistemática, el núcleo familiar se desintegra, sin tregua. Esta erosión trágica prosigue sin parar, a menos que la familia forme parte de una estructura comunitaria mayor que ofrezca una alternativa. Tal asociación tiene que proveer identificación social, y una motivación suficientemente fuerte como para resistir la desintegración social contemporánea.

La estructura eclesiástica tradicional que la mayoría de nosotros conoce no está en condición de hacer esto. Es demasiado profesional. Muy formal. Limitada sólo al aspecto religioso de la vida. Con poco interés en la forma de vida de sus feligreses. Satisfecha con relaciones marginales que no molesten.

La solución del problema no se halla en la reglamentación o en la imposición de normas. La meta de la comunidad no es uniformidad, sino armonía e integración en un marco social afectivo. Los individuos involucrados precisan espacio para crecer e incentivo para ser espontáneos.

La expansión rápida y dinámica de la iglesia del primer siglo — involucrando familias enteras y aun aldeas y pueblos enteros — proveyó la red social para una verdadera conciencia de pueblo en la mente de los primeros cristianos. El pueblo cristiano se convirtió en una alternativa viable ante las sociedades mayores en las cuales se había criado la gente, pero que ya no les satisfacía. Fueran judíos, romanos o griegos, los nuevos cristianos eran integrados en una comunidad y un estilo de vida que llenaba sus corazones y satisfacía sus esperanzas.

El apóstol Pedro subrayó ese fuerte sentido de identidad que compartían los cristianos de su tiempo:

> Ustedes son una familia escogida, un sacerdocio al servicio del rey, una nación santa, un pueblo adquirido por Dios. Y esto es así para que anuncien las obras maravillosas de Dios, el cual los llamó a salir de la oscuridad para entrar en su luz maravillosa. Ustedes antes ni siquiera eran pueblo, pero ahora son pueblo de Dios; antes Dios no les tenía compasión, pero ahora les tiene compasión.
>
> 1 Pedro 2:9,10

Ustedes — escribió el apóstol — ahora son el mismo pueblo de Dios. Se trata de una asociación que les da dignidad como personas. Otorga a la vida un propósito; fija metas que orientan su andar. Los diferencia de una sociedad marcada para el juicio divino.

En efecto, ¡tienen ahora un pedigrí de primera!

En su carta a Tito, Pablo se refirió a la misma relación comunitaria y sus implicaciones sociales:

> [Jesucristo] se entregó a la muerte por nosotros, para rescatarnos de toda maldad y limpiarnos completamente, haciendo de nosotros el pueblo de su propiedad, empeñados en hacer el bien . . .
>
> Tito 2:14

Y que los nuestros aprendan también a hacer el bien y a ayudar en casos de necesidad, para que sus vidas sean útiles.

Tito 3:14

Ser pueblo conlleva un compromiso de vivir para el bien de los demás. Esto es lógico y es una característica de nuestra identidad como pueblo.

ALGUNAS SUGERENCIAS PRÁCTICAS

¿De qué manera podemos afirmar la identidad y el valor de cada persona dentro del pueblo, en el contexto comunitario cristiano? Permítame sugerir algunas medidas prácticas.

Amor fraternal

No debemos conformarnos con un encuentro casual con la gente que vemos una o dos veces por semana en una reunión programada. Procuremos conocer personalmente a aquellos con los cuales celebramos culto y servimos. Aprendamos sus nombres de pila. Asumamos la responsabilidad personal de dar la bienvenida a los que llegan, expresándoles genuino interés y afecto. Luego introduzcámonos más en la vida de ellos por medio de visitas, invitaciones, conversación y una actitud sincera de amor fraternal.

Acciones creativas para el bien común

Pensemos en formas originales de ayudar a otros, de involucrarlos en la comunidad, o de darles una mano con amor y servicio desinteresados. Descubramos los dones y talentos de otros, y luego procuremos motivarlos a usar sus capacidades para el beneficio de los demás.

Asistencia comunitaria

Como comunidad, o quizá simplemente como pequeños grupos de familias, trabajemos juntos para suplir las necesidades de otros con tiempo, mano de obra, bienes materiales, ideas y servicios. Fomentemos un espíritu comunitario dinámico que motive a los hermanos, que los ayude a encontrarse a sí mismos al darse a los demás.

Integridad y gozo en las familias

Planifiquemos actividades para todos los miembros de la familia. Incluyamos todas las edades, desde los niños hasta los abuelos, incluyendo por supuesto a los solteros, los viudos y viudas, y los que no tienen familias propias. Evitemos dividir los grupos arbitrariamente según su edad o interés particular. Evitemos la especialización. Velemos en contra de la tendencia secular de dividir y separar por sectores. Esto requerirá un esfuerzo consciente fundamentado en los principios de la familia y la comunidad, y un cuidado para no actuar impulsivamente. Consideremos la posibilidad de mudarnos para estar más cerca los unos de los otros, y participar juntos en más actividades de la comunidad.

Cuidado mutuo

Esto es especialmente importante al considerar a los que tienen poca estima de sí mismos y que son débiles en la relación comunitaria. Exhortémonos y animémonos los unos a los otros, proveyendo para algunas necesidades mutuamente, y solicitando la colaboración de otros. Perdonemos a los que nos ofenden, y procuremos reconciliar a los que están alienados.

Planificación para el futuro

Esto podría abarcar la educación de los hijos, la determinación de vocaciones y carreras, el traslado de varias familias a la misma área residencial, y tantas otras cosas que hacen a la vida en comunidad. Evitemos pensar sólo en términos inmediatos o instantáneos. Edifiquemos con metas a largo plazo. Esto contribuye al sentido de comunidad y a la identidad personal, áreas ambas que tienen poco sentido en un contexto donde todo se mide según su valor inmediato.

Respeto por los mayores

Mantengamos involucrados a los ancianos en la vida comunitaria. La manera en que tratamos a aquellos cuya vida está mayormente en el pasado, es el comentario más elocuente y creíble sobre nuestra actitud hacia el futuro.

A la comunidad cristiana le ha sido otorgada la capacidad de realzar el valor de la persona, restaurar la autoestima y proveer un marco dinámico para el desarrollo de la vida. Encontrarnos unidos en el pueblo de Dios es una bendición rica e incomparable. ¡Nunca despreciemos ese privilegio!

Diez

Seguridad social

Uno de los motivos que más mueven a las personas a interesarse en la vida en comunidad es la esperanza de encontrar seguridad. Hay muchos que se casan por la misma razón.

Sin embargo, la seguridad es un concepto que elude definiciones precisas. A veces su significado es realzado por situaciones inesperadas. Una experiencia en la intimidad de nuestro hogar sirvió para ilustrarme esta realidad.

En un momento de liviandad declaré a mi esposa: "¡Erma Jean, me voy a divorciar de ti si quemas la comida otra vez!"

Me pareció obvio que había expresado la amenaza como una broma, una ridiculez, pues en verdad jamás había tenido alguna idea de separarme de mi esposa. Pero de pronto me di cuenta que Julia, una de nuestras hijas adolescentes, sentada a la mesa, no se reía.

Se le llenaron los ojos de lágrimas.

— Papá — dijo, — Por favor, no digas eso nunca más.

Entonces me di cuenta de mi grave error. Había tratado con liviandad algo tan precioso y sólido como nuestra relación conyugal. Ciertamente, mi esposa sabía que se lo dije en broma, y yo supuse que los hijos lo entenderían de la misma manera. Pero no era tema para bromear. Prometí nunca más tratar un asunto tan sagrado sin pensar en las consecuencias. La seguridad de nuestros hijos depende de la fortaleza de nuestro matrimonio.

ANHELOS DE SEGURIDAD

La seguridad se construye con relaciones confiables. Especialmente en la familia es así. También es así en otros marcos sociales.

La seguridad no se puede experimentar sin relación con otros. El mundo es tan grande, las tensiones sociales tan fuertes, los elementos desconocidos tan numerosos, y la conciencia de nuestras limitaciones personales tan aguda que no podemos mantener seriamente la noción de autoabastecernos. La vida trae demasiadas tormentas y turbulencias para volar a solas.

Este anhelo de seguridad es perfectamente razonable. Una vez que el evangelio despierta en nosotros una clara conciencia de lo que somos y de lo que precisamos, descubrimos nuestra desnudez, nuestra vergüenza, nuestra vulnerabilidad.

No es que el evangelio nos hace parecer peor de lo que somos; simplemente nos revela la verdad acerca de nosotros mismos. Hace caer nuestra máscara, liberándonos de la hipocresía que usamos a modo de escudo.

Pero el evangelio revela a la vez el gran amor, abundante y transformador, de Dios. Este amor, lleno de gracia, perdón y tierna compasión, nos acerca al Señor y satisface nuestros deseos más profundos. Es más que una aspirina, un parche o un remedio. Nos llena y estabiliza. Nos da seguridad verdadera.

LA RESPUESTA DE DIOS PARA NUESTRA AUTOSUFICIENCIA: UN YUGO

Para poder apreciar la verdadera naturaleza de la seguridad que nos ofrece una relación profunda con Cristo, tenemos que entender con claridad nuestra condición natural. Pocos escritores bíblicos son más francos que Isaías:

Seguridad social

> Todos nosotros nos perdimos como ovejas, siguiendo cada uno su propio camino, pero el Señor cargó sobre él la maldad de todos nosotros.
>
> Isaías 53:6

En este texto, la "maldad" se refiere esencialmente a nuestra pretendida independencia, nuestra indiferencia ante el Señor, nuestro desvío ("siguiendo cada uno su propio camino"). Al asumir una actitud de autosuficiencia, dijimos a Dios que podemos arreglárnoslas sin su ayuda. Después de una presunción tan ridícula procedemos a demostrar nuestra verdadera necedad e incompetencia.

Después de hacer un desastre de la vida, escuchamos el evangelio que ofrece perdón y seguridad en las palabras de Jesús:

> Vengan a mí todos ustedes que están cansados de sus trabajos y cargas, y yo los haré descansar. Acepten el yugo que les pongo, y aprendan de mí, que soy paciente y de corazón humilde; así encontrarán descanso. Porque el yugo que les pongo y la carga que les doy a llevar son ligeros.
>
> Mateo 11:28–30

La conversión superficial y el individualismo extremo a los cuales nos hemos acostumbrado nos han impedido entender que el consuelo y la seguridad que otorga Jesucristo involucra un *yugo*.

Implica asumir una carga.

Implica sumisión voluntaria y gozosa.

Implica aceptación de su autoridad.

¡Ay! ¡Eso duele! La seguridad nos agrada. La autoridad, no.

De hecho, Dios el Señor es la fuerza y la seguridad de su pueblo. Él es su torre fuerte, el refugio en la tormenta, el pronto socorro en tiempos de necesidad. Es la roca de los siglos que nos provee descanso y esperanza. Pero es esto y mucho más, precisamente porque es el Señor, es el rey, es el soberano que gobierna todo. No puede haber seguridad sin el reconocimiento de su autoridad absoluta y definitiva. Debemos aceptar su derecho de gobernar y ordenar nuestras vidas. Él quiere determinar los parámetros con los cuales hemos de vivir.

HACE FALTA UN MARCO

El amor, el perdón y la misericordia tienen poco sentido aparte de un marco social. Es a través del *discipulado*, dentro de una comunidad cristiana amorosa, que el nuevo creyente descubre ese marco.

El discipulado se inicia cuando alguien de la comunidad acepta la responsabilidad de comunicar al nuevo creyente las enseñanzas de Cristo y sus apóstoles. La obediencia a esas instrucciones y mandamientos abre paso a una relación creciente con el Señor. Las raíces espirituales se profundizan, y la vida de Cristo comienza a fluir en el discípulo.

La meta de este proceso es el conformarse a la imagen de Cristo, evidenciado en la estatura espiritual, en la conducta ética, en las relaciones sociales, en el carácter, y en la disposición de llevar responsabilidades. La enseñanza y la obediencia no constituyen el objetivo; son los medios. Definitivamente, el propósito no es el control sobre otras vidas, sino la madurez y la multiplicación de personas responsables y familias estables.

De la misma manera en que un padre sabio suelta paulatinamente el control sobre sus hijos al verlos crecer en entendimiento y juicio, también el discipulado cristiano libera gradualmente al nuevo creyente de una relación de demasiada dependencia del maestro. En su lugar, el discípulo en desarrollo depende más y más de la comunidad mayor, en una asociación que se fundamenta en la confianza mutua y la cooperación. De esa manera comienza a descubrir su lugar particular entre el pueblo de Dios.

Los cristianos convertidos recientemente de un estilo de vida egoísta y errante precisarán un discipulado más puntual y más cercano, ya que las estructuras básicas de su vida cristiana estable se construyen en la etapa de formación. Pero los que están involucrados en el proceso activo del discipulado deben estar en guardia para resistir la tentación de adoptar un control muy restrictivo, a fin de que los discípulos asuman progresivamente mayor responsabilidad personal en su andar con el Señor. Un control excesivo terminará sofocando al discípulo o provocando la rebeldía.

EL VALOR DE UN MARCO SOCIAL

Seguridad y discipulado difícilmente se conciben fuera de una comunidad cristiana. Ambos surgen de relaciones de confianza. Pero consideremos estas relaciones desde una perspectiva mayor: la de la conciencia de ser un *pueblo*.

Si nuestra comprensión o experiencia comunitaria es muy estrecha o parroquial, nos faltará profundidad y amplitud, las que son esenciales para el crecimiento y la madurez. Tendremos la tendencia de ser legalistas, con una disposición de marcar los pasos de otros con normas rígidas. La conciencia de ser pueblo provee un marco mayor de referencia, y tiende a ampliar los parámetros sociales y ayudar en el proceso de integración. Sin esta perspectiva más amplia, el liderazgo fácilmente se torna autoritario y defensivo; se siente amenazado e inseguro. Cuando es cuestionado, la reacción más común es una imposición más fuerte de autoridad.

Dentro del contexto del pueblo, la autoridad normalmente funciona en forma de presiones sociales. Las costumbres, el estilo de vida y el comportamiento no se determinan arbitrariamente, ni son susceptibles a interpretaciones limitadas o individualistas. Sin embargo, las presiones que se ejercen por parte del contexto social son efectivas; los involucrados se sienten obligados a conformarse, y menos inclinados a actuar solitariamente.

Algo podemos aprender de las dictaduras militares. La defensa pública de su despotismo siempre se fundamenta en algo que llaman "estabilidad y seguridad". Con frecuencia declaran su preocupación por la seguridad y el bienestar del pueblo que pretenden gobernar. Pero sus medidas represivas y control autoritario, como también su indisposición a permitir la libre expresión del deseo o la voluntad del pueblo, revelan la falsedad de la defensa elocuente de su tiranía.

Jesús marcó el contraste entre ese estilo de liderazgo y lo que él esperaba de sus discípulos:

> Como ustedes saben, entre los paganos los jefes gobiernan con tiranía a sus súbditos, y los grandes hacen sentir su autoridad sobre ellos. Pero entre ustedes no debe ser así. Al contrario, el que entre ustedes quiera ser grande, deberá servir a los demás; y el que entre ustedes quiera ser el primero, deberá ser su esclavo. Porque, del mismo modo, el Hijo del hombre no vino para que le sirvan, sino para servir y para dar su vida en rescate por una multitud.
>
> Mateo 20:25-28

En el reino de Cristo o la iglesia, la provisión de seguridad y estabilidad nunca debe ser una excusa para imponer la voluntad de uno sobre la de otro.

La autoridad humana tiene límites, y no podemos definir adecuadamente esa autoridad sin definir previamente sus límites. Jesucristo no aprueba el ejercicio arbitrario de autoridad entre sus discípulos. En su lugar nos ha mostrado el camino del servicio desinteresado.

Simplemente, tenemos que ser accesibles a nuestros hermanos de acuerdo con su necesidad. Hemos de entender nuestra relación de unos con otros en términos de amor, responsabilidad, servicio y cuidado mutuo.

LA EXPERIENCIA DE LOS PRIMEROS CRISTIANOS

Una de las razones por las que la iglesia primitiva fue tan efectiva en imprimir un nuevo estilo de vida en los que se convirtieron del paganismo fue su expansión rápida y dinámica. Atraía tan rápidamente a tantas personas que las viejas estructuras sociales no podían montar una fuerza opositora adecuada.

Seguridad social

Por supuesto, se opusieron, pero su resistencia no fue suficiente. El número elevado de creyentes, junto con la enseñanza vital y poderosa de los apóstoles, lograron montar grandes presiones sociales dentro de las comunidades cristianas que tuvieron el efecto de conformar una nueva conducta cristiana. Fue como una bola de nieve que se formó bajo la poderosa unción del Espíritu Santo.

Aunque ciertas conductas individualistas tuvieron lugar ocasionalmente (recuerden a Ananías y Safira), éstas fueron condenadas, prevaleciendo un espíritu comunitario notable.

Es obvio que los primeros cristianos no se sintieron sofocados ni obligados a conformarse a una norma en contra de su propia voluntad. Lejos de eso, aunque fueron dispersados, cuando podían haber optado por vivir "a escondidas" como "testigos silenciosos", determinaron más bien proclamar su fe con denuedo. El reino de Dios se extendió a través de las tierras gentiles como un incendio arrasador.

Esta conciencia de pueblo de la iglesia naciente se hizo tanto más evidente, cuanto más problemas oscurecieron el horizonte. El partido de los judaizantes salió de Jerusalén y se introdujo en las iglesias gentiles establecidas por Pablo, enseñando lo que el apóstol consideraba un concepto falso y pernicioso: que los cristianos gentiles debían adoptar un estilo de vida judío, someterse a la circuncisión, y guardar al detalle la ley de Moisés. La cuestión de la identidad del pueblo de Dios adquirió una gran importancia en la mente de Pablo. Fue el tema número uno en la agenda al reunirse los ancianos y apóstoles en Jerusalén para considerar el problema y determinar el curso de la acción a seguir.

¡No fue un asunto meramente local! La misma identidad y el comportamiento de todo el pueblo de Dios estaba en juego. Santiago subrayó el hecho al resumir el testimonio que acababa de escuchar: "Simón nos ha contado cómo Dios favoreció por primera vez a los no judíos, escogiendo también de entre ellos **un pueblo para sí mismo**" (Hechos 15:14).

Al final, la conclusión de la asamblea confirmó el hecho: la identidad del pueblo de Dios no se determina por la etnia judía. Desde ahora, el pueblo de Dios se entiende como el conjunto de todos los que se identifican por el nombre del Señor Jesús, tanto judíos como gentiles. Su identidad se deriva de su relación con Jesucristo, el resucitado Señor de toda la creación.

UN SENTIDO DE IDENTIDAD SOCIAL

Es evidente la necesidad de un claro sentido de identidad para gozar de seguridad. Pero no simplemente de identidad particular. Más bien, se trata de la identidad que surge del marco social del pueblo. El pensamiento interior se vive más o menos así: "Pertenezco a tal pueblo; por lo tanto debo comportarme de tal manera". Obviamente, si no hay tal sentido de identidad social — si es sólo una cuestión de "Jesús y yo" — es imposible razonar de tal manera. En ese caso, la identidad viene a definirse por la convicción particular de cada uno.

Cuando existe una clara conciencia de formar parte de un pueblo, la estructura de autoridad se entiende y se acepta con mayor facilidad; depende menos de una interpretación o imposición local. Por cierto, puede haber abusos, pero el marco de referencia hace que sea más probable la conformidad al patrón mayor del pueblo, y ejerce una presión social para que se conformen a la norma aceptada en las comunidades locales.

Dentro del contexto del pueblo, la conciencia que prevalece entre los integrantes es que "estaremos de pie o caeremos juntos". Nuestra seguridad depende en buena medida del compromiso reconocido de unos con otros. No debemos destruirnos los unos a los otros, ni manifestar una conducta antisocial.

Cuando una comunidad funciona conscientemente dentro de la perspectiva mayor del pueblo, la ayuda que se suministra y recibe en tiempos de crisis adquiere un significado mayor del que resulta cuando se limita a un nivel estrictamente local. Las "políticas locales" se dejan de lado y la sabiduría acumulada de la comunidad se aplica a la búsqueda de soluciones.

La instrucción que precisan los nuevos convertidos y las familias rescatadas del desorden y el derrumbe, se da con mayor facilidad cuando hay una clara conciencia de pueblo. Siempre están a mano varios ejemplos que ilustran los resultados deseados o esperados. Un matrimonio desavenido o la ruptura de la comunicación entre padres e hijos, por ejemplo, serán motivos de consejos e instrucciones. Pero de mayor importancia aún es el hecho de que estas familias tendrán como punto de referencia matrimonios felices y hogares estables.

"Mostrar" siempre es más efectivo que "decir".

CÓMO NOS TRATAMOS UNOS A OTROS

Cuanto más pasan los años más valoramos las relaciones, por encima de meros programas. No estamos tan impresionados con la actividad febril, los discursos elocuentes, las técnicas nuevas, ni los programas ambiciosos de ampliación. En cambio, se torna más importante la forma en que nosotros, la iglesia, nos tratamos los unos a los otros, como miembros de la misma familia de fe. Nos interesan más los efectos de la conducta a largo plazo, y menos las opiniones pasajeras.

Pensando en estos términos y queriendo implementar lo que interpretamos como la voluntad de Dios para nosotros, hace muchos años, mi esposa y yo decidimos recibir una variedad de personas en nuestra casa para vivir como integrantes de nuestra familia. Las razones han variado según los casos, pero habremos tenido quizá más de quince personas diferentes viviendo en casa en distintas épocas. La mayoría quedó durante unos cuantos meses, y algunos por varios años. Nuestros cuatro hijos se desarrollaron en ese marco de familia extendida. Lejos de tener un efecto negativo en sus vidas, nos resulta obvio que esa convivencia contribuyó a una orientación social estable en los cuatro.

Me acuerdo de un joven de más de veinte años, nativo de otro país vecino. Se entregó a Cristo por el testimonio de una familia de nuestra comunidad. Desde el principio, fue diligente en su andar con el Señor. Vivía solo, ya que su familia no le acompañó a Argentina. Después de un tiempo, con mi esposa sentimos que deberíamos invitarlo a vivir en casa. Lo conversamos primero con nuestro hijo David, con quien compartiría la habitación, y luego con el resto de la familia. Como todos estuvimos de acuerdo, vino a vivir con nosotros.

Se quedó dos años y medio, hasta que se casó con una señorita de la congregación. Entre tanto decidió trabajar por cuenta propia, ya que había desarrollado una reputación de buen artesano, diestro y responsable. En los años posteriores nos reiteró en varias oportunidades su aprecio por esos años que pudo vivir en casa. Fue allí, testificó, que aprendió el verdadero significado del matrimonio y del hogar cristiano. La enseñanza siempre debe estar acompañada por el ejemplo vivo.

En otro caso, un matrimonio con un hijo se entregó a Cristo y se bautizó. El hombre había tenido una variedad de ocupaciones, pero no había logrado proveer una estabilidad económica para su familia. Una vez integrado en la comunidad recibió instrucción, exhortación, orientación laboral, consejo matrimonial y aun ayuda económica. Pronto pudo construir su vivienda y lograr una entrada estable. Entretanto, crió una hermosa familia de varios hijos. Con amor y ayuda de la familia de Dios, su familia entera llegó a ser una parte vital y responsable de la comunidad.

Otros dan testimonio de haber aprendido a manejar sus finanzas, instruir a sus hijos, mantener un empleo y convivir felizmente en familia dentro del marco de la comunidad cristiana. En varios casos las comunidades asumieron el sostén o ayuda de viudas, el apoyo económico necesario para que algunos varones pudieran aprender un oficio estudiando de noche, o la asistencia a familias de pocos recursos para poder construir sus propias viviendas. Estos actos de amor hermanable constituyen una parte regular de la vida de muchas comunidades, y el número y la variedad de proyectos crecen continuamente.

Todos necesitamos la seguridad de formar parte de una comunidad compasiva y amorosa, una comunidad que no sólo sea activa hoy, sino que se proyecte con fe y amor hacia el futuro. Esto es "seguridad social" en el mejor sentido del término. No hay por qué temer el mañana si nos unen los lazos fuertes del amor de Cristo.

Once

"Algo especial en tu hogar"

*H*abía recibido llamadas parecidas de mis hijas anteriormente.

Pero esta vez fue diferente. En la línea estaba nuestra segunda hija, Julia. Casi pude ver las lágrimas de gozo al luchar ella por pronunciar las palabras.

"¡Papá... voy a ser madre!"

Por poco se me cayó el tubo. Salté, grité y llamé a mi esposa al mismo tiempo. La ironía del caso era que más tarde ese mismo día Julia y su marido Eduardo saldrían de Buenos Aires para los Estados Unidos donde él realizaría sus años de internado para desarrollar la profesión médica.

Habíamos perdido la cuenta de las ocasiones en que Julia había visto a un médico por su problema de infertilidad. Había sido tratada por una variedad de dificultades durante unos dos años. Al resolverse un problema, siempre aparecía otro. Ella (y el resto de la familia) había experimentado toda la gama de emociones al ver nacer las esperanzas repetidamente, sólo para que desaparecieran de nuevo.

Julia era maestra de jardín de infantes, y el sólo decir adiós a sus pequeños alumnos al finalizar cada año escolar le producía dolor. Pasarían meses hasta que una nueva tanda de chicos tomara su lugar. ¡Y cómo amaba a esos niños!

Durante unos seis años, con su marido habían anticipado el día en que pudieran cargar en sus brazos su propio bebé, pero una y otra vez se desvanecieron sus esperanzas. Sus dos hermanas, Erma Lovell y Gloria, tenían ya un total de cinco niños, con otro más en camino. Además, por parte de su esposo, contaban con otros seis sobrinos.

Julia había confesado sentir tristeza con frecuencia cuando visitaban los parientes. Tantos chicos... y ninguno propio. Oraba, escudriñaba la condición de su corazón, confesaba actitudes indebidas, y en general se condenaba en autoconmiseración durante años.

Pero ahora, en una mañana, todo cambió.

Su tristeza se transformó en gozo.

En realidad, el velo de tristeza se levantó de toda la familia, y todos compartimos la misma esperanza y las mismas expectativas. Esa tarde, en el aeropuerto internacional, en lugar de la acostumbrada despedida dolorosa, la escena se tornó en una verdadera celebración.

A través de su larga espera, toda la familia la rodeó con ánimo. Le dimos consuelo y sostén cuando se desalentaba, ayudándola en su lucha contra la desilusión y frustración.

En realidad, contemplamos esta situación como una emergencia más. Desde el principio, nuestro enfoque se había fundamentado en el concepto de la familia como meollo de fuerza para todos sus integrantes. Estábamos convencidos del valor — y de la necesidad — de un marco familiar muy fuerte:

- para edificar un sentido adecuado de autoestima,
- para guardar vivas y activas la fe y la confianza,
- para motivar firmemente el servicio unos a otros,
- para construir un baluarte contra las incursiones del pesimismo,
- y para afirmar el carácter y la determinación de cada miembro de la familia.

Hace años, con mi esposa determinamos hacer de nuestra familia y hogar un refugio atractivo lleno de amor y aliento. Un lugar al cual todos podrían volver siempre con gusto. Un espacio para guardar recuerdos de calor humano. Un sitio de orientación en medio del cuadro confuso de la sociedad circundante. Un punto claro de la brújula, cuando se oscurecían los horizontes y el cielo se cubría de nubes tormentosas.

Cuando se construye con cuidado — con fe y planificación a través de los años — la familia viene a ser un pilar de fuerza. Una de las ventajas mayores de este vigor familiar es que se ve como un testimonio "suave"; ni ofensivo ni agresivo. No es como un cartel de neón o una trompeta estridente, llamando siempre la atención. Sin embargo, ahí está, como la estrella del norte, constantemente ofreciendo orientación y restaurando la confianza, sea en tiempos de crisis o en situaciones desconocidas, proveyendo una plataforma para los ajustes necesarios. Una roca firme sobre la cual se puede edificar durante toda la vida.

Para mi esposa y para mí, nuestra familia ha sido nuestro motivo mayor de gozo, el eslabón vital entre el pasado y el futuro por más de cuarenta y cinco años. El traslado nuestro a Argentina en el 1959 con dos preescolares fue obviamente un paso gigantesco para nosotros, como también para nuestros seres queridos en los EE.UU. Al despedirnos de nuestros padres, tuvimos una clara convicción de la voluntad de Dios al dar el paso, que resultó ser más significativa que los miles de kilómetros que nos separarían geográficamente de padres, hermanos, primos, tíos y abuelos.

Nunca cuestionamos esa profunda convicción que se albergó en nuestros corazones antes de decidir semejante movida. De alguna manera supimos que sería para toda la vida. Y no dudamos que el Señor en su gracia nos estaba guiando, preparándonos para lo que vendría.

UN CÍRCULO FAMILIAR REDUCIDO

No obstante, no pudimos haber imaginado todas las implicaciones que ese traslado tendría para nuestra familia. No pasó mucho tiempo hasta que nos dimos cuenta de que nuestros hijos (dos cuando llegamos a Argentina, y dos más dentro de pocos años) se desarrollarían sin parientes. Excepto por infrecuentes visitas a los EE.UU. y alguna que otra visita fugaz de parte de parientes o amigos, su única experiencia de familia fue con sus padres y sus hermanos. ¡Era un círculo bastante reducido! Su solo contacto con la cultura que había sido nativa para Erma Jean y para mí, fue por medio de nosotros sus padres.

Fuera de nuestro hogar, todo el marco cultural era latinoamericano. El lenguaje era distinto, la historia distinta, la situación política, económica y social también diferentes. Las costumbres, los saludos, las despedidas y aun los gestos al paso tenían características sutiles distintas de las que conocíamos mi señora y yo en nuestro marco original. El tono de la voz comunicaba conceptos distintos de los que nos eran naturales.

Nunca se nos ocurrió que debíamos resistir esos cambios. Al contrario, percibimos que era nuestra responsabilidad ajustarnos a las nuevas normas y a la nueva cultura lo mejor y más rápido que pudiéramos. A la vez, nos parecía importante mantener la unidad, integridad y coherencia que siempre habían caracterizado nuestra relación en familia.

Esta clase de fuerza estructural en la familia resulta obvia para terceros, aun cuando no saben explicarla. Hace muchos años, cuando vivíamos en la ciudad de Santa Fe, Argentina, teníamos una vecina que venía a casa casi todos los días para conversar con mi esposa. Parecía tener pocos motivos para venir, y su presencia solía tornarse difícil para mi esposa, que debía atender sus tareas cotidianas. Sea como fuere, la trató siempre con paciencia y gentileza. Un día, con toda espontaneidad ella reveló lo que nos habíamos preguntado.

— ¿Sabes por qué vengo a verte con tanta frecuencia? — dijo a mi esposa. — Es porque hay algo especial en tu hogar. Aquí hay paz y estabilidad, que faltan en mi casa. Siempre me siento mejor después de visitarte.

ESLABONES CON EL PASADO

De todos los parientes que extrañamos a través de los años, creo que la pérdida mayor ha sido la falta de abuelos.

Nuestros hijos apenas pudieron conocer los suyos. Sin duda, los mismos abuelos sintieron profundamente esta falta, pero he llegado a creer que los nietos necesitan más a los abuelos que los abuelos a los nietos.

Para los niños, los abuelos representan el eslabón más inmediato y más importante con el pasado. Debido a la excelente disposición que los niños normalmente manifiestan de escuchar al abuelo o a la abuela, la generación mayor puede comunicar a la más joven los valores tradicionales del patrimonio familiar, la fe y el sentido de valor y dignidad que pertenece a la familia. Todo esto se realiza dentro de un contexto de amor y continuidad que alivia la presión de afuera y edifica el carácter en las vidas, cuando son más permeables y flexibles.

El hecho penoso en el caso nuestro fue tener que criar a nuestros hijos sin contar con el contexto normal de parientes cercanos. El significado de eso puede escapar a la comprensión de los que siempre han tenido cerca a los familiares. Tales contactos proveen una especie de norma o medida social, una base de comparación, entretanto que vemos crecer a los hijos. ¿Serán como la prima María, o como el tío Felipe? La ausencia de un círculo familiar de parientes cercanos puede acrecentar la inquietud que sienten los padres a menudo.

Cuando eran pequeños nuestros hijos, sentía cierta inquietud al preguntarme cómo serían al madurar. Me causaba pena al observar que otros pastores o misioneros tenían hijos errantes que les provocaban mucho dolor. Siendo padre joven me preguntaba si la crianza de los hijos en los caminos de Dios sería un juego de azar. ¿No era posible edificar sus vidas con fe y seguridad para enfrentar el futuro? Con el tiempo, se calmaron mis temores y encontré un lugar de confianza y reposo en el Señor. Con mi esposa nos concentramos en construir una atmósfera de amor, comprensión, responsabilidad y confianza, esperando que Dios compensara nuestras faltas.

Desde la infancia, nuestros hijos fueron incluidos en la lucha con nuestros problemas como también en los motivos de alegría. Con nosotros, ellos también aprendieron a confiar en Dios para abrir puertas, proveer para los suyos, y orientar nuestros pasos. Aprendieron a reconocer su presencia y su gracia en todas las cosas.

Al construir nuestra vivienda en la ciudad de San Martín, toda la familia participó en las distintas etapas de planificación, mudanza, decoración y en el gozo de ver cumplido el sueño. Cuando planificamos un viaje, trabajamos juntos en los detalles. Al encarar un problema, hablamos juntos hasta tener claridad, y luego miramos al Señor juntos en oración.

TRABAJO COMUNITARIO

Otra fuente de vigor y estabilidad para nuestra familia ha sido el trabajar juntos en una comunidad cristiana dinámica. Uso la palabra *comunidad* en lugar de *congregación* a fin de enfatizar las fuertes ligaduras y el compromiso mutuo que nos unen. Una iglesia que goza de un espíritu comunitario fuerte y una atmósfera familiar estable puede ejercer una gran influencia en las familias (y en los miembros particulares de las familias) que están unidas por la comunión en Cristo.

Hace muchos años comencé a entender la falacia de edificar iglesias simplemente con *individuos*. Un enfoque individualista carece del elemento necesario para unir a los creyentes. Falta el cemento de cohesión. El asunto se me hizo claro cuando descubrí la diferencia engañadora entre evaluar el vigor de una congregación según el número de individuos que estaban en comunión, en lugar de tomar en cuenta la cantidad de familias completas. Según la cuenta anterior, la congregación podría parecer grande, pero la fuerza real se nota en el apoyo que proviene de familias completas que componen la comunidad.

Al participar en un retiro espiritual con pastores y líderes cristianos en un país de América Central hace unos años, comuniqué algunos de estos principios de edificar la iglesia con familias. Queriendo asegurarme de que lo estu-

"Algo especial en tu hogar"

vieran captando, me dirigí al azar a uno de los pastores presentes para hacerle algunas preguntas acerca de su congregación:
— ¿Cuántos miembros hay en tu congregación?
— Unos cien hermanos.
— ¿Y cuántas familias completas hay?
Pensó un momento. —Quizás cuatro —respondió.
— De esas cuatro, ¿cuántas consideras estables?
— No estoy seguro si alguna de ellas es estable.
— ¿Cuántos miembros había hace un año?
— El mismo número, más o menos.
— ¿Has tenido algunos bautismos este año?
— Sí, unos cuantos.
— Entonces, ¿cómo explicas la falta de crecimiento numérico?
— No estoy seguro . . . supongo que algunos perdieron interés.
— ¿Cuántas reuniones tienes en la semana?
— Dos veces el domingo, y todas las noches menos el lunes.
— En lugar de hacerte más preguntas — sugerí —, déjame ver si puedo completar el cuadro de la iglesia.
Entonces mencioné varios síntomas obvios, que él reconoció como característicos de su situación:
- Tienes pocos hombres que te ayudan a llevar la carga de la iglesia.
- Las finanzas no alcanzan.
- Tu esposa está descontenta, y el matrimonio refleja algunas tensiones.
- Pasas el día lunes tratando de decidir lo que debes predicar los otros días.
- Te has acostumbrado a una rutina religiosa, y no te queda mucho tiempo para atender las necesidades de la familia o para la necesaria recreación.
- Si no inicias algunos ajustes, dentro de un año te vas a encontrar desanimado y listo para "tirar la toalla".

¡El pobre me creía profeta! Acababa de señalar precisamente el estado de su iglesia, su familia y su propio corazón. Continué, ahora para advertirle que semejante sobrecarga de actividades en la iglesia podría atentar contra la integridad de su familia, provocar un estado de nerviosismo en su esposa, y dejar insatisfechos a sus hijos. Le rogué sinceramente que redujera el número de reuniones, dedicara más tiempo a su esposa y familia y ocupara una de las noches libres de cada semana para visitar junto con su esposa a los hogares de la congregación en los cuales el marido no estuviera involucrado en la vida de la iglesia. También le sugerí que planificara una salida campestre cada tanto, u otra actividad no religiosa, con algunas de las familias de la iglesia. Me miró como si estuviera escuchando esas ideas por primera vez en la vida. Evidentemente, no estaba seguro si podía asimilar todo.

Si uno trabaja regularmente con familias, se siente obligado a mantener los pies bien plantados en la tierra. Los que tienen una orientación basada en familias no están inclinados a entusiasmarse con la última moda religiosa, ni tampoco se sienten deprimidos al detectar la primera señal de un problema en cierne. No precisan novedades para mantener en alto su interés, y no están inclinados a volverse muy místicos. El compromiso con la familia tiende a convertir a uno en un elemento estabilizador en la comunidad mayor.

Cuando la estructura familiar de la comunidad es clara y fuerte, los solteros y los que han sufrido la pérdida o el abandono de sus cónyuges se pueden integrar con facilidad. Sin embargo, para que sea efectivo quizá sea necesario orientar a algunos al respecto, ya que una conciencia de comunidad es algo que debe desarrollarse. El punto a enfatizar aquí es que las relaciones son más fluidas y naturales entre los integrantes cuando existe un marcado sentido de comunidad.

A CONSTRUIR CON FAMILIAS

Después de observar durante años los resultados desafortunados de mucha actividad de la iglesia, que tiende a competir con la familia en lugar de afirmarla, llegué a la conclusión que deberíamos encontrar otra manera de enfocar la relación entre una y otra.

Comenzando de nuevo en un suburbio de Buenos Aires con unas tres o cuatro familias, determinamos edificar la comunidad a propósito sobre la base de familias. Con pocas excepciones, todas las actividades de la iglesia involucraban a las familias enteras. El ministerio se orientó hacia las familias. El trabajo de consejo pastoral se concentró en edificar, reparar y realzar la vida en familia.

Con sólo dos reuniones regulares de la iglesia por semana (una de las cuales fue reemplazada más tarde por una variedad de reuniones pequeñas en las casas), las familias fueron animadas a visitarse, pasar tiempo juntos, y edificar relaciones entre ellas.

Procuramos incluir en las actividades familiares regulares a los solteros y a los que vivían solos.

Planificamos ocasionalmente retiros familiares, seminarios para matrimonios, y series de enseñanza sobre la administración y el presupuesto familiar.

Se dio orientación pastoral a las esposas cuyos maridos no conocían al Señor. Con el tiempo, varios de éstos se entregaron a Cristo.

¡Los resultados nos llenaron de alegría! Comenzamos a ver la conversión de algunos parientes en las familias, y en algunos casos éstos fueron acompañados por sus respectivas familias. Nuestro enfoque evangelístico se reorientó del individualismo hacia las familias. Desde entonces, la mayoría de las conversiones ha sido en líneas familiares: parejas que se entregan juntos al Señor, o miembros que faltaban de una familia parcialmente convertida a Cristo.

Este enfoque familiar de la evangelización, la edificación y la integración en la iglesia no es nada nuevo. Surge del mismo libro de Hechos, donde se lo ve como parte integral de la experiencia de la iglesia primitiva. Tristemente, es poco comprendido hoy y poco empleado por los cristianos en general.

Sin embargo, la necesidad sigue en evidencia. Harry R. Boer ha escrito:

> Es muy evidente . . . que aun cuando la fe es siempre un compromiso individual, las conversiones registradas en el libro de Hechos ocurrieron dentro de contextos sociales mayores. El carácter social saludable del cristianismo que surgió inmediatamente después de Pentecostés es subrayado por las referencias frecuentes en Hechos, como también en otras partes del Nuevo Testamento, a la conversión de familiares u hogares enteros. La iglesia no se construyó a partir de cristianos individuales, sino de unidades sociales básicas, entes orgánicos; y estas unidades, estos entes, fueron las células de la sociedad; o sea, las familias . . .
>
> Es evidente que en torno a esta unidad social de origen divino — la familia — fueron construidas las iglesias, fundamentadas por los apóstoles. Las familias entraron a la iglesia como unidades, y su integridad se guardó por específicas instrucciones apostólicas.[1]

Otra voz importante, George W. Peters, añade:

> El evangelismo y la salvación de los hogares no son casos excepcionales en el Nuevo Testamento. Constituyen el ideal divino a través de las Escrituras como también la norma apostólica. Tienen fundamento bíblico y social; sólo frente al individualismo occidental semejante fenómeno puede parecer extraño . . .
>
> Parece natural que las iglesias se edificaran de unidades familiares, más que de creyentes individuales. Sin embargo, esta realidad ha sido mayormente desconocida por los misioneros y plantadores de iglesias del Occidente, especialmente por los que provienen de misiones fundamentalistas.
>
> Nuestro propio individualismo se ha idealizado y llegado a ser la norma. A la vez ha dominado nuestra teología de evangelismo, nuestra estrategia misionera, y aun nuestra eclesiología. Nos hemos vuelto temerosos de unidades mayores que el individuo, y tenemos reservas al tratar con unidades más grandes . . .

De todas las instituciones sociales la Biblia pone la familia en el centro como la unidad social fundamental de la raza humana... Por lo tanto, es natural que la salvación de familias sea prominente y enfático, y que el hogar como unidad social sea el elemento fundamental de la iglesia local, las piedras de las que se construye la iglesia. Debemos volver a esto si el evangelismo ha de tener éxito y la iglesia ha de prosperar y multiplicarse...

Es una tragedia que se haya quitado el cristianismo occidental de los hogares y que esté actualmente confinado casi completamente al edificio de la iglesia. Hemos programado el cristianismo para que se realice en las iglesias y fuera de las casas. Necesitamos un avivamiento para dar marcha atrás a esta tendencia. El cristianismo, ante todo, es una religión de hogar, y se propaga mejor de familia en familia en el marco del hogar. En esto debemos poner nuestro énfasis.[2]

El camino hacia la formación de un pueblo comienza con la familia. Ya que la familia es la unidad social básica, e instituida por Dios mismo, es la piedra elemental que el Espíritu Santo desea usar para construir la iglesia, y también una sociedad redimida.

Una postura bíblica coherente con respecto a la familia debe afirmar las siguientes convicciones:

1) *El pacto matrimonial debe estar caracterizado por la santidad, la dignidad y la permanencia.*

Es el fundamento ordenado por Dios para el hogar. Si nos debilitamos en nuestra convicción con respecto a este asunto elemental, estaremos cediendo demasiado terreno, y las consecuencias desafortunadas se transmitirán a las generaciones venideras.

2) *Engendrar y criar hijos debe ser visto como evidencia de la bendición de Dios y a la vez como una solemne responsabilidad.*

Detrás de este privilegio asombroso se encuentra el propósito revelado del Señor. Al dar a la raza humana el mandato de procrear, señaló que su propósito era tener una "descendencia consagrada" (véase Malaquías 2:15,16). El apóstol Pablo tiene cuidado de enfatizar este asunto al señalar que la formación y la disciplina de los hijos se debe realizar bajo el tutelaje del Señor (véanse Efesios 6:1–4; Colosenses 3:20,21). Se implica que deben ser criados como para honrar al Señor, a fin de que él los adopte en su familia (véase Efesios 1:4,5; también Hebreos 2:10; Proverbios 22:6; Salmo 127:3–5; y 128). Por lo tanto, los padres deben aceptar su papel de capacitar y formar a sus hijos para que agraden a Dios y ocupen un lugar de honor en la sociedad.

3) *El valor del hogar es un elemento muy importante en la edificación, el servicio y el testimonio cristianos.*

Hogares fuertes y maduros — donde padre, madre e hijos cumplen su papel cada uno — son esenciales si han de ser la base de la iglesia. Si logramos afirmar y fortalecer esta realidad, entonces podremos volver a una orientación del servicio y la extensión de la iglesia basada en los hogares cristianos.

4) *El evangelismo debe ser enfocado efectivamente desde familias hacia familias, con la actividad principal realizada en las casas.*

Bajo la sabia dirección del Espíritu Santo, los hogares cristianos pueden ser centros competentes de "salvataje" para salvar y reorientar a personas heridas y cicatrizadas, para sanar los hogares quebrantados, para amar a los niños abandonados, y para vestir de carne humana el evangelio de nuestro Señor Jesucristo.

---

1. Harry R. Boer, *Pentecost and Missions* (Grand Rapids, MI: Wm. B. Eerdmans Publ. Co., 1961), pp. 164, 165, 176.
2. George W. Peters, *Saturation Evangelism* (Grand Rapids, MI: Zondervan Publ. House, 1970), pp. 153–155, 161.

Doce

La paternidad es el puente

Mi padre parecía entender siempre el valor de la paternidad. De él aprendí las mejores y más elementales lecciones sobre la manera de vivir.

Me cuesta pensar en un padre mejor que el mío. Ejemplar en su conducta, interesado en el desarrollo y el futuro de sus hijos, un marido amoroso y considerado, industrioso, frugal, sabio, juicioso, honesto, responsable... estas características y otras similares saltan a la mente cuando recuerdo a mi padre. Tenía, además, un maravilloso sentido de humor, solía reírse de sí con facilidad y en general era el alma de cualquier fiesta.

Tantas memorias afectuosas de mi hogar paterno llenan mi mente en forma tal que nunca me sentí carente de un ejemplo o anécdota del marco de mi niñez y juventud. Nuestro hogar no era perfecto, pero proveyó para mis hermanos y para mí un ambiente rico y saludable para el crecimiento y para desafiarnos a llegar lejos. Al salir de ese hogar en la adultez, nos sorprendimos al descubrir que no todas las personas tuvieron las mismas ventajas que gozamos nosotros.

UNA PATERNIDAD RESPONSABLE

¿Cómo podría haber un pueblo sin una paternidad responsable? Es verdad que el simple hecho de la procreación hace padre a un hombre, en el sentido biológico. Pero la paternidad implica algo más, mucho más.

Paternidad significa criar a los hijos, cuidarlos y capacitarlos para una adultez responsable. Aun por la adopción de otros niños un hombre puede llegar a ser un padre en el sentido más pleno de la palabra, si es que asume las responsabilidades correspondientes a la crianza de los hijos.

Una consideración de la paternidad de Dios nos ayudará a enfocar los pensamientos. En realidad, Dios es Padre de un solo Hijo en el sentido más común del término. El Espíritu Santo vino sólo sobre María, haciendo que quedara con un hijo en su seno. Todos los demás hijos de Dios son adoptivos, aunque él no es menos padre por eso (véase Efesios 1:5).

Sin embargo, en la mente de la mayoría de los cristianos, no parece haber una apreciación adecuada de la paternidad de Dios más allá del hecho de que nos hizo nacer en su familia por medio del evangelio (véanse Juan 1.12,13 y 1 Pedro 1.23), y de que nos dirigimos a él en oración como "Padre nuestro que estás en los cielos".

Pocos captan el valor de la paternidad de Dios como un modelo para padres en la familia humana. Esta comprensión limitada del papel de Dios como Padre, sin duda, nos ha dejado con una apreciación demasiado estrecha del papel de la paternidad en la iglesia.

UNA VÍA DE CONTINUIDAD

El tema de la paternidad es muy importante para la formación de un pueblo. Los padres —y las madres— constituyen el nexo principal entre una generación y la otra. Si se pierde ese nexo, o si simplemente se pierde su utilidad como el canal principal de continuidad, en gran medida la próxima generación tendrá que comenzar de nuevo. Por supuesto, nunca se pierde del todo la continuidad en la raza humana, pero generaciones enteras pueden estar en falta con respecto a la formación del carácter, o a la apreciación de sus riquezas culturales y sus raíces históricas, si hay una brecha pronunciada entre padres e hijos. Si no se construye un puente sobre esa brecha, la generación sucesiva heredará poco capital espiritual, moral o cultural para enfrentar sus propias responsabilidades, aparte de lo que logren captar de sus pares. Esta situación los deja como presa fácil ante cualquier filosofía o antifilosofía que esté en boga.

Dado que la herencia judeo cristiana profesa ser única y de valor universal para todo el pueblo de Dios, la cuestión de la continuidad es esencial a su naturaleza. La fe cristiana se fundamenta en valores absolutos, en la verdad eterna revelada por Dios, pero también nos hace falta una relación directa y personal con el Dios soberano. Vale decir que de la misma manera que Dios se ha revelado a nuestros padres, también el Espíritu Santo dirige e inspira directamente nuestras vidas. Cualquier propuesta de separar estas realidades complementarias hace daño a la fe. Esa fe constituye, igualmente, la herencia recibida de las generaciones anteriores, como también el principio vivo y vibrante que ordena nuestras vidas ahora.

Es esta necesidad crucial de continuidad que da sentido al concepto de patriarcas del Antiguo Testamento. Moisés enseñó que los padres son los responsables principales por la instrucción religiosa y la edificación del carácter de sus hijos, especialmente de los varones, ya que ellos serían los padres de la próxima generación.

Obviamente, la paternidad espiritual era un principio importante en la formación que Jesús dio a los doce apóstoles. Ese papel es necesario como eslabón entre las generaciones sucesivas. Esto se subraya al mencionar Pedro en el libro de Hechos la necesidad de hallar un reemplazo para Judas Iscariote. El requisito básico, en las palabras de Pedro, exigía que fuera elegido de entre los "hombres que nos han acompañado todo el tiempo que el Señor Jesús estuvo entre nosotros, desde que fue bautizado por Juan hasta que subió al cielo. Es necesario, pues, que uno de ellos sea agregado a nosotros, para que junto con nosotros dé testimonio de que Jesús resucito" (Hechos 1:21,22). Es clara la implicación de que, aparte de ser un testigo de la resurrección de Jesús, precisaba una experiencia de primera mano de todo el ministerio de Jesús a fin de comunicar el patrimonio a la nueva generación de discípulos.

Lo que se transmite a la próxima generación tiene que ser recibido primero de la anterior. Hace falta un puente entre las generaciones para cubrir lo que de otra manera sería una brecha.

LA PATERNIDAD EN ISRAEL

La importancia del papel del padre en las Escrituras no se limita, sin embargo, a su función de eslabón entre las generaciones. La paternidad constituye el fundamento del vigor y de la integridad de la familia, como también de la estructura moral en general. Se esperaba que el padre hebreo conociera la voluntad de Dios para su familia y asumiera responsabilidad por los suyos, como expresión de su compromiso pactado y su dependencia espiritual del Señor, el Dios de Israel. Tanto él como su familia enfrentarían el desagrado de Dios si no guardaban fidelidad a ese compromiso.

Era del padre la tarea principal de enseñar a sus hijos a guardar la ley de Dios para que pudieran llegar a reverenciar a Dios y obedecer su voluntad inteligentemente y con devoción. También era responsable por la disciplina cuando ocurría una desobediencia. La instrucción religiosa incluía conducir a su familia en oración y culto al Dios verdadero. Debería, además, ilustrar a sus hijos en la historia de los tratos de Dios con el pueblo de Israel, a fin de que todos honraran su patrimonio nacional y espiritual. Finalmente, se esperaba de los padres que impartieran a sus hijos su bendición paterna, que tenía profundo significado para sus vástagos.

De esta manera el padre ejercía un papel clave en la comunicación de la identidad a su familia. La nueva generación desarrollaba su concepto de autoestima por la estima

La paternidad es el puente

que recibía del padre. A un israelita con semejante formación, nunca le faltaría una conciencia de dignidad... era un verdadero "hijo de Abraham", heredero de un grande y rico patrimonio. Era un patrimonio que debía guardar con fidelidad, procurando enriquecerlo a través de su propia experiencia de caminar con el Dios de Israel.

Cuando un padre cumple adecuadamente su papel, construye fibra moral, conducta ética y buenos modales en sus hijos. A través de los años de una relación fluida y sincera en el hogar, el padre, junto con su esposa, va dejando el ejemplo con su propia vida. Se mantiene alerta para percibir problemas o inclinaciones particulares que precisan corrección, ajuste o dirección. Por el hecho de que cuenta con unos cuantos años para realizar esto, no tiene que ponerse nervioso ni apresurarse, aunque querrá ser diligente a fin de dar las instrucciones apropiadas en el momento preciso.

A medida que se establece una relación de confianza, una experiencia infeliz hoy, puede ser arreglada mañana. De esta manera, sus hijos se criarán sin complejos de inseguridad, inferioridad o actitudes antisociales. Aprenderán a acatar órdenes, observar buenos modales, respetar a los ancianos, hacer reparaciones en casa, resolver problemas, emitir sanos juicios y llevar cargas de responsabilidad que serán cada vez más grandes. Al acceder a la adultez, seguirán por la senda que les ha sido marcada tanto por el ejemplo de sus padres como por sus propios hábitos. Sentirán un orgullo sano por su apellido, honrarán a sus padres y manejarán bien las responsabilidades, sean en el trabajo, en su propio hogar o en cualquier marco social. Esto conduce tanto a una sociedad sana como una iglesia sana.

JESÚS Y SU PADRE

La estima que Jesús sentía por su Padre tiene que haber dejado una fuerte impresión en la mente de sus discípulos. Casi constantemente él se refería a su Padre con términos de cariño y reverencia. Consideremos las siguientes declaraciones registradas por Juan en su evangelio:

Jesús les dijo [a los que le cuestionaron]:

Mi Padre siempre ha trabajado, y yo también trabajo...

Les aseguro que el Hijo de Dios no puede hacer nada por su propia cuenta; solamente hace lo que ve hacer al Padre. Todo lo que hace el Padre, también lo hace el Hijo. Pues el Padre ama al Hijo y le muestra todo lo que hace... (Juan 5:17-20).

Todos los que el Padre me da, vienen a mí; y a los que vienen a mí, no los echaré fuera. Porque yo no he bajado del cielo para hacer mi propia voluntad, sino para hacer la voluntad de mi Padre, que me ha enviado (6:37,38).

Pero si yo juzgo, mi juicio está de acuerdo con la verdad, porque no juzgo yo solo, sino que el Padre que me envió juzga conmigo... Pues bien, yo mismo soy un testigo a mi favor, y el Padre que me envió es el otro testigo (8:16,18).

Jesús le contestó:

Yo soy el camino, la verdad y la vida. Solamente por mí se puede llegar al Padre. Si ustedes me conocen a mí, también conocerán a mi Padre; y ya lo conocen desde ahora, pues lo han estado viendo.

Felipe le dijo entonces:

Señor, déjanos ver al Padre, y con eso nos basta.

Jesús le contestó:

Felipe, hace tanto tiempo que estoy con ustedes, ¿y todavía no me conoces? El que me ha visto a mí, ha visto al Padre; ¿por qué me pides que les deje ver al Padre? ¿No crees que yo estoy en el Padre y el Padre está en mí? Las cosas que les digo, no las digo por mi propia cuenta. El Padre, que vive en mí, es el que hace sus propias obras. Créanme que yo estoy en el Padre y el Padre está en mí; si no, crean al menos por las obras mismas. Les aseguro que el que cree en mí hará también las obras que yo hago; y hará otras todavía más grandes, porque yo voy a donde está el Padre. Y todo lo que ustedes pidan en mi nombre, yo lo haré, para que por el Hijo se muestre la gloria del Padre. Yo haré cualquier cosa que en mi nombre ustedes me pidan (14:6–14).

Jesús le dijo:

No me retengas, porque todavía no he ido a reunirme con mi Padre. Pero ve y di a mis hermanos que voy a reunirme con el que es mi Padre y Padre de ustedes, mi Dios y Dios de ustedes (20:17).

Estas citas indican una intimidad entre Jesús y su Padre que debe haber sido reveladora e instructiva para sus discípulos. Más aun, ¡Jesús les exhortó a tener la misma clase de confianza que él tenía en su Padre!

Es obvio que la paternidad de Dios es una faceta muy importante en toda la enseñanza de Jesús, como también en su propia vida. Subraya la relación con su Padre como la fuente de su identidad personal. Nunca se sintió solo, sino siempre en relación con su Padre. Sin lugar a dudas, ¡jamás manifestó hombre alguno una relación más profunda con su padre que lo que mostró Jesús! Lejos de sentirse anulado o postergado, esa intimidad le suministró gran fuerza de carácter y firmeza moral contra los más formidables embates.

LA PATERNIDAD EN LA IGLESIA

El cuadro escueto que encontramos en el texto bíblico con respecto a la estructura de la iglesia primitiva parece indicar que el concepto de la paternidad, concebida como sostén de la estructura social, se transmitió de la mentalidad hebrea a la práctica de la iglesia. Sería difícil imaginar otra cosa, frente al hecho de la enseñanza y el mismo ejemplo de Jesús ante sus apóstoles, y especialmente a la luz de la verdad de que por varios años la iglesia estaba compuesta casi enteramente por judíos.

El cargo de *presbítero* (anciano), tomado de la sinagoga judía, se retuvo en la iglesia naciente. El anciano siempre era reconocido por sus pares como cabeza estable de una familia. Las instrucciones de Pablo sobre la selección y ordenación de ancianos, tanto a Timoteo como a Tito, confirman este dato. El mismo añade otros requisitos con respecto a la familia y el ambiente del hogar del anciano. ¡En verdad, parece que el modelo de la iglesia se tomó de la familia! ¡Qué estabilidad habrá ofrecido este hecho en los primeros tiempos explosivos de la iglesia! Más allá de eso, las actividades de la iglesia, en su mayoría, se realizaron en los hogares de los creyentes. La familia, entonces, sirvió de fundamento para el sentido de comunidad tan evidente entre los cristianos de los primeros tiempos. Y hemos de recordar que el padre es la clave de una familia feliz y bien ordenada.

A través de los años ha venido a ser cada vez más claro el hecho de que la edificación de la iglesia como una comunidad espiritual es más un asunto de paternidad espiritual que de sólo predicar y enseñar. Por supuesto, la enseñanza es necesaria. Pero la exposición de las Escrituras, por vital que sea, no es suficiente. Los preceptos tienen que ser demostrados en vidas, preferiblemente en la vida familiar.

Si se forma un núcleo estable de familias con relaciones armoniosas que trascienden alguna que otra actividad semanal, ocupadas en

- la comunión y el servicio,
- la oración y el testimonio,
- el trabajo y la recreación,
- "las buenas y en las malas",

estas familias comenzarán a gozar de una conciencia de ser pueblo de Dios, una comunidad genuina. Es un reconocimiento que no puede llegar a los que limitan su asociación a una o más reuniones estructuradas en la semana. En vez de ser atraídos por un personaje destacado, pondrán más atención y apreciarán más la obra de la gracia de Dios en cada uno. Semejante comunidad, por su hermosura magnética, atraerá a otras familias e individuos a sus brazos abiertos.

TESTIMONIO

En nuestra experiencia de plantar iglesias, mayormente en América Latina, cambiamos nuestro énfasis en las actividades y lo reemplazamos con el servicio, la comunión y la comunidad. Al presente, la mayoría de las responsabilidades variadas de la iglesia se realizan en los hogares particulares de los feligreses.

Por lo general, el liderazgo se delega a matrimonios estables con hijos y con una variedad de edades desde los veinte hasta los cincuenta años, y más también. El énfasis se pone en construir familias fuertes y felices, donde el marido y padre asume su papel de protector y proveedor, sacerdote y profeta, sin ser un tirano ni "hombre orquesta". Los resultados nos han animado grandemente. El evangelismo, realizado mayormente sin mucho alarde, es efectivo, trayendo un flujo de personas nuevas al seno de la iglesia.

Típicamente, en las distintas ciudades los hombres que han sido reconocidos como pastores, primero fueron padres estables con hogares que dieron buen ejemplo entre los hermanos. También ejercieron una paternidad espiritual al capacitar a los nuevos convertidos, conduciéndolos hacia la estabilidad y madurez.

Uno de los aspectos que más me ha interesado es el de la generación más joven. A través de unas cuatro décadas vimos a muchos que conocimos primero como niños o jóvenes, ahora casados y con sus propios hijos. Casi todas las familias involucradas en las comunidades durante estos años han criado sus hijos con notable estabilidad, y estos siguen involucrados en las iglesias.

Muchos de los padres han experimentado una gran transformación en su conciencia de responsabilidad paterna. El ajuste suele ser doloroso . . . y siempre implica mucho trabajo. Pero los resultados son de gran beneficio. Han mantenido a sus familias intactas, y sus hijos, aún adolescentes, con muy raras excepciones no se han desviado de la senda marcada por sus padres.

Una paternidad sana representa una pieza fundamental, tanto de la familia como de la comunidad cristiana. Es un elemento imprescindible para el pueblo de Dios.

Trece

¡Celebremos!

Las campañas políticas latinoamericanas son una experiencia única! La naturaleza expresiva y emocional de las razas latinas, la multitud de candidatos políticos coloridos, junto con el hecho de que en muchos países el voto es obligatorio (y por lo tanto, involucra a todos), contribuyen a un elevado nivel de excitación popular.

Pocas personalidades políticas de la historia reciente han motivado un interés tan ferviente y amplio como Juan Domingo Perón en Argentina. Asumiendo la presidencia en 1946 (después de un golpe militar en 1943), fue reelegido por un amplio margen a un período constitucional completo en 1951. Derrocado por los militares en 1955 y obligado a huir al exilio, retuvo un gran apoyo popular, especialmente entre la clase obrera. Finalmente, en 1973, después de casi dos décadas, la oposición militar se dio por vencida y le permitió volver al país. Pronto se llamó a elecciones generales y su partido propuso a Perón como candidato a presidente otra vez con su tercera esposa como candidata a vice presidente. Nuevamente, Perón ganó por una gran mayoría en una de las elecciones más democráticas en la historia del país.

El fenómeno asombroso de la popularidad de Perón ha sido analizado y revisado por incontables estudiantes de la historia y la ciencia política. Pero difícilmente puede ser apreciado por los que sólo conocen las estadísticas y los datos históricos. El fervor popular . . . el sonar de los bombos... las multitudes en la Plaza de Mayo frente a la Casa de Gobierno... la oratoria política inflamatoria... la sensación exagerada de triunfo y euforia... provocan impresiones vívidas que difícilmente puedan expresarse con papel y tinta.

Durante una campaña política, hace unos años, un reportero radial entrevistaba a un líder peronista justo antes de una de sus reuniones públicas en un gran estadio. Al preguntársele sobre planes para el encuentro y la respuesta que esperaba, el político manifestó no tener ninguna duda que sería una experiencia eufórica.

— ¡Las reuniones peronistas siempre resultan ser celebraciones... una verdadera fiesta!" — explicó. — La gente viene porque se goza de estos encuentros.

¿Por qué se amontona la gente en estas reuniones? ¿Por estar de acuerdo con la plataforma política? ¿Por interesarse en la retórica entusiasta? Un observador objetivo concluiría que esas no son las razones reales. Más bien, participa por sentirse parte de un movimiento popular que atrae a la gente. Tiene un sentido de unirse a otros en una causa común, una fuerza dinámica que avanza estrepitosamente.

UNA MOVILIZACIÓN POTENTE DE GENTE

El Antiguo Testamento deja la impresión de que las fiestas anuales en Jerusalén deben haber tenido un sabor similar. Viajeros de todas partes del país se encontraban en las rutas principales... todos avanzando en la misma dirección. En todo el camino había saludos, abrazos, risas y largas conversaciones, a través de los kilómetros y las horas y en derredor de los fogones por la noche. Las preguntas de rigor acerca de la familia, la vivienda, la cosecha, la prosperidad o las dificultades acompañaban inevitablemente el propósito religioso más profundo del viaje. Después de muchas horas — o aun días — de viaje, al acercarse a la ciudad santa, las multitudes gozosas cantaban juntas algunos salmos en anticipación de los eventos en los cuales pronto participarían.

La misma sensación de anticipación caracterizaba a la muchedumbre que se reunía para ver y oír a Jesús. Se acercaban porque esperaban ver algo, o participar en algo, y hay poco indicio de que fueran muy ordenados. Gritaban, empujaban, codeaban unos a otros. Los endemoniados gritaban agitados y aterrados, los inválidos y enfermos luchaban por un poco de espacio frente a la multitud, los líderes religiosos lanzaban a Jesús preguntas como arpones. Un dueño de casa vio abrirse un agujero en su techo a fin de bajar un paralítico frente a Jesús.

La presencia de Jesús en cualquier lugar producía un evento popular, un *happening*.

La gente sentía algo especial, y quería estar presente.

Era una celebración. No había promotores ni organizadores, ni sistema de parlantes o amplificadores, ni auditorios o estadios. No eran eventos programados para entretener. No había equipos de avanzada para hacer relaciones públicas, pero algo sucedía. Un movimiento, algo emocionante, conmovedor. La opinión pública de este hombre de Nazaret y su ministerio de enseñanza acompañado de señales levantó vuelo, provocando alarma entre los líderes religiosos y políticos al punto de armar ataques públicos contra el nazareno "imprudente". Todos estos elementos presentan el cuadro de una movilización humana potente e imponente.

Los relatos de las experiencias de los primeros cristianos en Jerusalén, como también de los sucesos en torno al avance de los apóstoles a nuevos territorios, indican la misma clase de respuesta popular.

Procuremos un examen más profundo de estos acontecimientos bíblicos y del fenómeno de la celebración. ¿Es sólo un recuerdo histórico curioso? ¿O juega un papel importante en la vida del pueblo de Dios?

LA CELEBRACIÓN EN LAS ESCRITURAS

Noé y su familia celebraron su liberación del diluvio. Juntos ensalzaron la bondad de Dios por suministrarles su gracia y renovar su pacto con la humanidad. Construyeron un altar y ofrecieron un sacrificio como acompañamiento de sus cánticos de gratitud y alabanza.

Abraham debe haber llegado a ser experto en la construcción de altares. En ocasión de cada nueva mudanza, o de un favor divino, o por revelación del pacto entre él y su Dios, la celebraba construyendo un altar de sacrificio. En cada una de las coyunturas críticas de su vida adoraba y se rendía de nuevo al Dios fiel que lo había llamado.

La noche de la plaga final sobre los amos egipcios (la muerte de los primogénitos) fue para Israel, en cambio, una ocasión de festejo, pues señaló su liberación después de largos siglos de esclavitud. Dios les instruyó hacer una fiesta en cada hogar, y él les dio el menú: cordero asado, panes sin levadura y hierbas amargas. Esta Pascua vino a ser un evento anual y solemne para Israel, hasta nuestros días.

Los israelitas fueron instruidos a reunirse regularmente en Jerusalén para celebrar las grandes fiestas del pueblo. Se llamaron reuniones (o fiestas) solemnes o santas, o santas convocaciones. Aparte del sábado, que aparece en primer lugar, siete eventos anuales se mencionan en Levítico 23: Pascua, Panes sin levadura, Primicias, Pentecostés, Trompetas, Día del perdón y Tabernáculos.

Sin embargo, el evento de mayor importancia para Israel se celebraba semanalmente: el día de descanso. Cada séptimo día de la semana se suspendía toda labor, y el período entero de veinticuatro horas se dedicaba a Dios. No era un día de actividad sino de descanso, representando el compromiso de confiar en el Señor y esperar en él.

Cada cincuenta años en Israel se declaraba un año de jubileo: ¡un año entero de celebración! Durante esos doce meses especiales todas las deudas eran canceladas, todo terreno que se había arrendado o vendido volvía al dueño original o a sus descendientes, y todos los esclavos eran liberados.

Cuando Israel cruzó el Mar Rojo, volvió su vista para observar a todo el ejército de Egipto ahogado bajo el muro de agua que se había contenido para su cruce en seco, y se desató una celebración espontánea. María, la hermana mayor de Moisés, entonces con casi noventa años de edad, sacó su pandereta y condujo a las damas de Israel en una danza de exaltación al Señor. Los ex esclavos israelitas alzaron sus voces para cantar "el canto de Moisés" (Éxodo 15):

[1] Cantaré yo a Jehová,
porque se ha magnificado grandemente;
ha echado en el mar al caballo y al jinete.
[2] Jehová es mi fortaleza y mi cántico,
y ha sido mi salvación.
Este es mi Dios, y lo alabaré;
Dios de mi padre, y lo enalteceré.
[3] Jehová es varón de guerra;
Jehová es su nombre.
[4] Echó en el mar
los carros de Faraón y su ejército;
y sus capitanes escogidos fueron
hundidos en el Mar Rojo.
[5] Los abismos los cubrieron;
descendieron a las profundidades como piedra.
[6] Tu diestra, oh Jehová,
ha sido magnificada en poder;
tu diestra, oh Jehová,
ha quebrantado al enemigo.
[7] Y con la grandeza de tu poder
has derribado a los que se levantaron contra ti.
Enviaste tu ira; los consumió como a hojarasca.
[8] Al soplo de tu aliento se amontonaron las aguas;
se juntaron las corrientes como en un montón;
los abismos se cuajaron en medio del mar.
[9] El enemigo dijo: Perseguiré, apresaré,
repartiré despojos;
mi alma se saciará de ellos;
sacaré mi espada, los destruirá mi mano.

¹⁰ Soplaste con tu viento; los cubrió el mar;
se hundieron como plomo en las impetuosas aguas.
¹¹ ¿Quién como tú, oh Jehová, entre los dioses?
¿Quién como tú, magnífico en santidad,
terrible en maravillosas hazañas,
hacedor de prodigios?
¹² Extendiste tu diestra;
la tierra los tragó.
¹³ Condujiste en tu misericordia
a este pueblo que redimiste;
lo llevaste con tu poder a tu santa morada.
¹⁴ Lo oirán los pueblos, y temblarán;
se apoderará dolor de la tierra de los filisteos.
¹⁵ Entonces los caudillos de Edom se turbarán;
a los valientes de Moab les sobrecogerá temblor;
se acobardarán todos los moradores de Canaán.
¹⁶ Caiga sobre ellos temblor y espanto;
a la grandeza de tu brazo
enmudezcan como una piedra;
hasta que haya pasado tu pueblo, oh Jehová,
hasta que haya pasado este pueblo que tú rescataste.
¹⁷ Tú los introducirás y los plantarás
en el monte de tu heredad,
en el lugar de tu morada,
que tú has preparado, oh Jehová,
en el santuario que tus manos, oh Jehová, han afirmado.
¹⁸ Jehová reinará eternamente y para siempre.

Cuando David trajo el arca sagrada de nuevo a su lugar en Jerusalén, guió al pueblo en un tiempo de gran celebración, danzando él mismo (véanse 1 Crónicas 15 y 16). Los festejos incluyeron sacrificios, canciones, gozo y comidas. Desde entonces David estableció una celebración diaria en la presencia del arca, aparentemente bajo la dirección del músico Asaf y sus colegas (véase 1 Crónicas 16:37).

La dedicación del fabuloso templo de Salomón fue una convocactoria solemne y de celebración en Israel, entretanto que la gloria del Señor llenó el templo como una densa nube.

Nehemías y Esdras condujeron en celebración al remanente que volvió a Jerusalén con la lectura de la ley de Dios y en una expresión de gratitud por la conclusión de la construcción del muro en derredor de la ciudad.

EN EL NUEVO TESTAMENTO

El nacimiento de Jesús fue celebrado por los ángeles, los magos del Oriente, los pastores y profetas, a más de su propia familia. A través de todo su ministerio se vio repetidamente la celebración espontánea de las multitudes, de los que fueron sanados o liberados de demonios, de los familiares de éstos, y de sus propios discípulos. Esta respuesta de corazón debe haber sido una de las características más prominentes del ministerio de Jesús.

Con la investidura de poder del Espíritu Santo a los discípulos en el día de Pentecostés, la iglesia primitiva se inició con una fuerte nota de celebración. Y este evento fue el reflejo de una gran celebración celestial cuando Jesús fue entronizado a la diestra del Padre y ungido con el aceite de gozo (véase Hebreos 1:9).

Jerusalén siguió siendo escenario de frecuentes celebraciones. La sanidad del mendigo inválido en la puerta del templo (véase Hechos 3) soltó una marea arrasadora de gozo. En un plano más sencillo, los discípulos celebraban a diario los triunfos de su Señor resucitado con su testimonio gozoso, con el rompimiento del pan, con su culto y con sus oraciones y su comunión de casa en casa. La expansión del reino de Dios, el favor divino sobre los apóstoles, y la conversión de multitudes motivó abundante alabanza y celebración entre los hermanos.

A medida que el evangelio era llevado a campos cada vez más lejanos, tanto por los apóstoles como por los cristianos perseguidos, encontraba una pronta respuesta en muchos corazones. Grupos vibrantes de cristianos celebraban con gozo la vida de Cristo compartida entre todos, cruzando líneas raciales y lingüísticas. Ni la amenaza de la espada romana ni la persecución o amenazas de prisión o muerte podían apagar el fervor. Cuando Felipe predicó el evangelio en una ciudad de Samaria, su ministerio fue acompañado con señales y prodigios, resultando en "gran alegría en aquel pueblo" (véase Hechos 8:8). Vez tras vez el libro de Hechos registra la celebración espontánea de los que vieron las maravillosas obras y la gracia de Dios.

¿POR QUÉ CELEBRAR?

Celebración implica satisfacción con aquello que se celebra. Podía tratarse de alguna meta lograda. Algún evento especial para los que celebran. Una persona honrada. Una experiencia significativa para recordar. Una relación apreciada.

Dios mismo celebró la culminación de su obra de creación, declarando que "todo estaba bien" (véanse Génesis 1:12,18,25, etc.). Luego apartó un día de descanso, para gozar de la obra de sus manos. Difícilmente podría haber descansado o celebrado si no se hubiera sentido satisfecho con la creación.

Tú y yo celebramos el cumpleaños de un amigo o el aniversario de un matrimonio de la misma manera. Nos sentimos felices con la persona y deseamos expresar nuestra alegría honrándola. No habría razón para celebrar el cumpleaños de un extraño. Podemos así celebrar nuestra relación con otros sirviéndoles, mostrándoles alguna bondad, o deseando brindarnos a ellos de una manera especial.

Es difícil imaginar de qué manera una familia o una comunidad compacta podría mantener su sentido de unidad sin celebraciones frecuentes. En una familia, por ejemplo, las ocasiones pueden incluir aniversarios, cumpleaños, graduación del colegio o universidad, días feriados, o cualquier otra ocasión de valor especial para los que las celebran.

Aparte de ser una pausa y relevo de la agenda regular agitada, estas ocasiones nos permiten recordar el valor de los elementos y las personas especiales en la vida y en las relaciones sociales. Nos dan oportunidad de honrar a los

¡Celebremos!

que tienen un significado particular para nosotros, y de renovar y profundizar el compromiso mutuo, como también de revisar la historia de la familia o de la relación. Esto es celebración.

Sin embargo, algunas de las celebraciones más memorables pueden ser espontáneas: un ascenso no esperado en el empleo; un honor o un premio; el reconocimiento público por alguna obra; la compra de un automóvil o una casa nueva; una nueva amistad. Todas estas ocasiones nos dan la oportunidad de celebrar. Y al hacerlo, nos enriquecemos.

Obviamente, Jesús se alegró de su relación con muchas personas y celebró este hecho. Con respecto a esta faceta de su vida, escribió Tom Sine:

> Cuando Jesús no estaba en las montañas con su Padre, se lo podía hallar en las aldeas con sus amigos. Gozaba grandemente de su relación con la gente, con toda clase de personas. A decir verdad, se le criticó repetidamente porque parecía estar demasiado feliz en las cenas y en las bodas con la gente menospreciada por otros. Si fuera hoy, en lugar de presentarse como el huésped de honor en un almuerzo con líderes religiosos, probablemente aparecería en uno de los barrios pobres para festejar con un grupo de amigos en la puerta de una casa. Su celebración de las relaciones sociales trascendía todas las barreras tradicionales, económicas, raciales, sexuales y culturales, anunciando de esa manera la naturaleza de su reino futuro.[1]

Sin duda, nuestra herencia espiritual será más apreciada — y enriquecida también — si aprendemos a celebrar los maravillosos beneficios inherentes a ese patrimonio. Cuando consideramos y nos regocijamos en los buenos propósitos de nuestro Dios y en sus obras a favor nuestro; cuando expresamos gratitud por su amor y fidelidad; cuando nos gozamos en su maravillosa creación; cuando expresamos sanamente los instintos creativos que él puso en cada uno de nosotros; entonces venceremos nuestras quejas amargas y actitudes pesimistas. La celebración es elemental para el estilo de vida del pueblo de Dios.

Celebración es un asunto comunitario; es una de las maneras por las que una comunidad expresa su conciencia de sí. Es más que "estar juntos"; es más que comunión. Implica el reconocimiento de una herencia y una historia en común. La celebración fortalece nuestra relación de pacto. También señala la anticipación gozosa y la proyección hacia el futuro.

Ninguna familia, comunidad o pueblo que mantiene un claro sentido de su patrimonio y la conciencia de la interrelación entre sus integrantes llega a enfrentar un callejón sin salida. Una organización puede quebrarse; una asociación se puede desbandar; un club puede perder sus miembros; pero una familia o un pueblo nunca proyectará su propia desaparición. Siempre queda una reserva de esperanza, medios de vida y virtudes. No importa cuán oscuras sean las circunstancias, ni cuán desesperada la perspectiva, permanece una confianza subyacente que la protege.

Otra faceta importante de la celebración es la atmósfera relajada, una sensación de alegría y bienestar. Esta fue una de las ideas básicas que fundamentan la institución divina del día de descanso. No se proyectó como un sistema legalista pesado. Dios quiso que su pueblo cesara sus labores, su ansiedad y su búsqueda de éxito, y que parara lo suficiente para apreciar y disfrutar lo que tenía, y reconocer que el Señor era su guía y su proveedor. El guardar fielmente el día de descanso era una manera de decir: "Confío en el Señor; espero en él; no me siento autosuficiente".

Sea que observemos formalmente o no un día de descanso, podemos aprender mucho de los principios detrás del hecho. Es una afirmación de la benevolencia de Dios. Él hace bien todas las cosas. Descansamos en él, no como una estrategia para manipularlo, sino como una declaración de plena confianza en sus buenos propósitos y su fidelidad a sus promesas. Significa acercarnos a Dios con el deseo de conocerlo mejor.

Esta clase de percepción espiritual no resulta posible a menos que estemos dispuestos a esperar en él... y descansar en él. Nuestro Dios es infinito, majestuoso, soberano. Es nuestro pastor, y nosotros somos las ovejas de su prado. Adoración, reverencia, asombro y acción de gracias son todos prominentes en la celebración del pueblo de Dios.

LA NECESIDAD DE CULTIVAR UNA ACTITUD DE CELEBRACIÓN

Una actitud de celebración implica la determinación de ver a Dios en todas las cosas, de regocijarnos en sus propósitos soberanos y llenos de gracia. Arthur Holmes sugiere que seamos más atentos en cuanto a celebrar la creación divina:

> Los propósitos de Dios en su obra de creación constituyen la base de todo el sistema de valores. Esto queda evidente por el juicio de evaluación que se halla en Génesis 1 — "vio que todo estaba bien", cinco veces — y el resumen de evaluación: "vio que todo lo que había hecho estaba muy bien" (1:31). "Bien" señala que fue justo lo que Dios se propuso, que la creación en todas sus partes estuviera conforme a sus propósitos benéficos, y por lo tanto tuviera valor. Dios dijo "¡Sí!" a lo que había hecho...
>
> Si la creación divina tiene valor, entonces el regocijo por sus beneficios puede ser una celebración de la bondad de Dios. Toda la vida, en verdad, viene a ser una celebración, siempre que uno reconozca al que la hizo tan bien.[2]

En el siglo trece, Francisco de Asís descubrió una gran reserva de gozo y energía en la celebración de la naturaleza. Liberado de un legalismo religioso pesado que hacía mucho tiempo había perdido su vitalidad y pureza, encontró a Dios de nuevo en el viento y la lluvia, en los pájaros y las bestias, en la puesta del sol y en el amanecer, en la vida y la salud, y aun en la inevitabilidad de la muerte. Optando por un estilo de vida extremadamente sencillo, enseñó a los que le acompañaban que celebraran la bondad de Dios en todas las cosas y en todo tiempo.

Un aspecto de la celebración que debemos subrayar es la importancia de relatar la historia. Cuando las tribus de Israel se reunían en Jerusalén tres veces al año, una de sus actividades más prominentes era el relato público de la historia en torno al evento que se celebraba. La comprensión de estos asuntos era muy importante en la formación de la nueva generación.

También nosotros debemos comunicar la conciencia de nuestro patrimonio cristiano a nuestros hijos, y a todos los que se van integrando a la comunidad de los cristianos. Esta herencia tiene raíces históricas específicas que hemos de valorar y celebrar. La fe cristiana es más que una colección de sentimientos subjetivos. Nuestro Dios se ha dado a conocer en la historia. ¡Él es el Señor de la historia! El entender nuestra historia redentora y la formación del pueblo de Dios nos da mucha razón de celebrar... aun cuando la senda por delante no parece muy clara.

Es relativamente fácil cultivar una actitud de celebración en la familia si le prestamos nuestra atención. Pero es también fácil ignorarla por el afán cotidiano con tantas cosas que ocupan la agenda. En ese caso, el hogar se convierte en una pieza más de la rutina aburrida y nerviosa de una existencia sin sentido.

¿Por qué no determinamos celebrar en forma regular el matrimonio, el cónyuge, cada uno de los hijos, el hogar, además de los aniversarios y eventos importantes para la familia? ¡Qué oportunidad maravillosa para ofrecer a Dios nuestra gratitud al considerar juntos el valor de la familia, los eventos y las personas especiales, como también el favor de Dios en nuestra vida! Si se emplean las habilidades artísticas, musicales y decorativas de la familia en la celebración, ello tendrá un valor doble.

Si prestamos atención a la celebración en la comunidad cristiana, esto tendrá el efecto de despertar los dones "dormidos" entre los hermanos y enriquecer la experiencia del pueblo de Dios. A menudo, el culto es propiamente solemne, quieto y ordenado, pero no tiene por qué ser sólo así. Hay ocasiones cuando puede tornarse animado y espontáneo, gozoso y entusiasta, y puede involucrar los variados talentos, los dones espirituales y las habilidades específicas de toda la comunidad. Conjuntos de teatro, de canto, de instrumentos musicales y aun grupos de danza han nacido en el compañerismo cristiano en medio de un ambiente de celebración. A su vez, estos grupos han introducido nuevas maneras de agradecer a Dios y edificar a los hermanos. Muchos de ellos también han podido dar testimonio fructífero en el marco de la sociedad secular. Mucho más se puede hacer en estos y otros rubros cuando la celebración viene a ser parte integral y regular del estilo de vida de la comunidad.

El resurgimiento de interés, en los últimos años, en la liturgia de la iglesia señala un vivo deseo entre muchos cristianos de restaurar la práctica de la celebración de Cristo, de su redención y del pueblo de Dios, de manera viva y dinámica. Muchos han decidido dejar de lado las expresiones que no tienen raíces genuinas y que no son más que la manifestación de una ocurrencia o una moda pasajera.

El punto de partida para la renovación litúrgica ha de ser una disposición de revisar la celebración de la cena del Señor, o sea, la eucaristía. Pero no termina allí. El uso y significado de los himnos y de la música sagrada en general deben ser revisados. Las maneras en que articulamos nuestra fe, esperanza, amor y gozo, constituyen facetas vitales en el cuadro mayor de la vida litúrgica de la comunidad. El simbolismo y otras expresiones artísticas, la dramatización y la participación de los hermanos, son elementos que bien pueden contribuir para hacer de la experiencia de celebración una actividad llena de profundo significado.

Aquí hay espacio para la creatividad. Hay lugar para una clara afirmación de nuestro carácter de pueblo de Dios. Y hay lugar para descubrir nuevamente la presencia de Dios en medio de los suyos.

Cuando desarrollemos la conciencia del valor de nuestras reuniones como ocasiones de celebración del pueblo de Dios, descubriremos que somos parte de la obra continuada del Espíritu Santo para evitar que la iglesia se conforme con la mera rutina. ¡La celebración comunica vida abundante y gloriosa!

---

1. Tom Sine, *The mustard seed conspiracy* (Waco, TX: Word Books, 1981), p. 116.
2. Arthur Holmes, *Contours of a world view* (Grand Rapids, MI: Wm. B. Eerdmans Publ. Co., 1983), p. 67.

Catorce

Algo inefable, entre lo falible

La iglesia vigorizada por el Espíritu Santo es el pueblo de Dios. No es simplemente una estructura social más. Esta característica esencial — esta vida y poder divinos — es la que asegura que la iglesia no sea aburrida ni una tradición pesada o un pacto con la muerte.

Jesús es el Arquitecto y el Señor de la iglesia. Él está presente, y es dinámico, glorioso, triunfante, atractivo. La iglesia viva es una con su Señor vivo y resucitado. Esto no sólo garantiza a la iglesia la victoria final; es su seguridad y recuerdo constante de su relación vital con el cielo. Afirma su vocación espiritual, su compromiso y su total dependencia de Dios. La prerrogativa soberana del Señor de dirigir, ungir, corregir, reprender y presidir la vida de la iglesia, asegura su renovación, su reforma y su glorificación futura como la esposa de Cristo.

¡PALOMITAS DE MAÍZ!

Esta es la descripción que da un colega al despertar espiritual que está ocurriendo en Brasil desde hace varias décadas. Las iglesias que estuvieron dormidas o vencidas por el letargo durante años, han experimentado un avivamiento que de pronto las ha vuelto atractivas. A través de períodos prolongados de búsqueda de Dios, confesión y arrepentimiento, grandes cantidades de cristianos están siendo llevadas en una ola soberana del Espíritu Santo. Por todos lados hay congregaciones creciendo en número, en fruto y en madurez espiritual.

El fenómeno está ocurriendo tanto en las iglesias católicas como entre los protestantes de todos los colores. Es cada vez más difícil encontrar una congregación pequeña. Ante la pregunta sobre el tamaño de sus congregaciones, escuchamos a pastores brasileños responder: "No es muy grande... todavía. Hay quizá unos mil hermanos."

El crecimiento numérico más pronunciado de la iglesia en el mundo hoy está ocurriendo en las tierras aún consideradas por muchos como "campos misioneros". En África al sur del Sahara, en muchos países de América Latina y en Asia, el incremento en el número de cristianos es más rápido que el desarrollo demográfico. Muchas de estas naciones como, por ejemplo, Corea, Brasil, Guatemala, Argentina y Nigeria, hace años están enviando sus propios misioneros a otras tierras.

¿Qué hace que la iglesia crezca?

¿Qué hay que la eleve más allá del plano meramente mundano?

¿Cómo puede componerse de seres humanos falibles, y aún responder al propósito de Dios?

¿Cuál es la fuente de su victoria y confianza?

NO HACE FALTA ASTUCIA

Jesús dijo que él edificaría la iglesia. El apóstol Pablo la llamó cuerpo de Cristo y templo del Espíritu Santo. Las Escrituras afirman que a Cristo se le presentará una iglesia gloriosa "sin mancha ni arruga".

El Señor ha fijado su atención en la iglesia. Él vive en ella. Le ha prometido una victoria gloriosa y definitiva.

La iglesia nació como resultado directo de la muerte y resurrección de Jesucristo. Cuando ascendió y fue coronado a la diestra del Padre en los cielos, envió el Espíritu Santo sobre el núcleo de discípulos, estableciendo un vínculo entre él y ellos, vivo, dinámico y eterno.

Desde el principio, tanto en el precepto como en la práctica, Cristo dejó en claro que él los conduciría por su Espíritu. Ellos no debían preocuparse por el éxito de su misión. Les tocaba simplemente esperar en él y obedecerle.

Jesucristo no mantenía ilusiones con respecto a la competencia de sus discípulos. Él mismo les dijo que sin él nada podían hacer. Al anunciarles su salida, aclaró que enviaría a otro — como él mismo — que los guiaría, que traería a su memoria lo que se habían olvidado, y los investiría con poder de lo alto. No dejó a cargo de ellos ninguna responsabilidad de elaborar una estrategia. No tenían que depender de la astucia para llevar adelante la obra.

Quizá los primeros cristianos en Jerusalén no contaban con ningún conjunto de reglas o conceptos acerca de la naturaleza o estructura de la iglesia, pero fueron envueltos en una dinámica celestial... llevados en un maremoto del Espíritu Santo... abrazados por una demostración imponente de la gracia de Dios. Aparte de meditar en las afirmaciones asombrosas del Señor Jesús al efecto, de que serían sus testigos hasta los confines de la tierra, no podrían haber imaginado lo que les esperaba.

De una cosa estuvieron bien conscientes: ¡El Espíritu Santo estaba a cargo de la operación! Jesucristo estaba sentado en su trono, victorioso sobre todo. Nunca más experimentaría la derrota. Todos sus enemigos se echarían a sus pies.

UNA IGLESIA GLORIOSA

Una visión bíblica de la iglesia se afirma sobre dos hechos inalterables. Primero, Jesucristo es cabeza de la iglesia; él es su constructor y su defensor. Segundo, la iglesia es la morada del Espíritu Santo; él es su vida y su motor, el ejecutor divinamente designado que llevará a cabo la voluntad de Cristo el Señor.

Estos dos postulados elementales deben mantenerse siempre a la vista. Cualquier desvío de ellos merece un llamado al arrepentimiento, un regreso a las realidades divinas.

Una visión de la iglesia basada en las Escrituras provocará asombro en aquel que la contempla. Donde falta esta sensación de asombro y reverencia, podemos estar seguros de que no hay comprensión de lo que realmente es la iglesia. Porque el santuario del Espíritu Santo es el lugar donde Dios mora entre los hombres. Esta realidad celestial tiene que orientar nuestros pensamientos acerca de la iglesia.

Hay algo fundamentalmente equivocado respecto a la idea de que podemos "controlar" o "manejar" la iglesia de Jesucristo, algo perverso en la noción de que uno puede tener una iglesia "según su gusto particular". Estas son distorsiones que reflejan el hecho de que estos conceptos de la iglesia son producto de la tierra y no del cielo. Cuando abrimos las Escrituras encontramos un cuadro sublime: el cuerpo de Cristo... un pueblo elegido por Dios... una nación santa... una ciudad celestial... una esposa gloriosa.

Cuando el Señor nos liberó de las tinieblas y nos trasladó a su reino de luz, cuando lavó nuestros pecados en su sangre, no dijo: "Bien. Ahí lo tienes. Haz lo mejor que puedas ahora, y ¡buena suerte!"

Al contrario, nos unió consigo mismo en un vínculo eterno de amor y gracia, como también nos unió a todos los que le pertenecen. Envió su Espíritu Santo a fin de que pudiéramos vivir en su perfecta voluntad gozosa y victoriosamente. Quiso que fuéramos sus instrumentos elegidos para realizar en la tierra su propósito. Dijo que podríamos pedir al Padre cualquier cosa en su nombre, que podríamos mover montañas, que podríamos vencer las tentaciones, que podríamos suministrar su gracia a los necesitados. Prometió sostenernos en las pruebas, estar siempre con nosotros, levantarnos cuando caemos, y llevarnos al final a su hogar celestial.

ES IMPOSIBLE SABER LO QUE DIOS HARÁ

No dejo de asombrarme frente a la audacia de los que pretenden planificar lo que Dios ha de hacer. O que pretenden impedirle interferir con sus planes. El hecho de que Dios, frecuentemente y en diversas situaciones, obra más allá o aun en contra de nuestras expectativas, debiera enseñarnos una lección sobre la humildad. Evidentemente, es una de nuestras pretensiones más ridículas pensar que podemos encerrar a Dios o impedirle hacer lo que ha determinado en su soberanía. Esta imposibilidad nuestra de saber lo que Dios hará constituye una de las esperanzas mayores de la iglesia de que experimente la victoria divina sobre su propia incompetencia e infidelidad.

Pensemos en algunas de las sorpresas que encontramos en la Biblia:

- la pesca milagrosa (después de que los discípulos hubieran pescado toda la noche sin sacar nada);
- la resurrección de Lázaro (después de estar muerto tres días y en vías de descomposición, cuando no había más esperanza);
- la alimentación de los cinco mil (cuando apenas había suficiente comida para un muchacho);
- el derramamiento del Espíritu Santo en el día de Pentecostés (sobre los discípulos que abandonaron a Jesús en su hora más crítica y oscura);
- la liberación de Pedro de la prisión de Herodes (cuando los discípulos que oraron por él no pudieron creer que Dios había contestado sus plegarias) y
- la conversión y la plenitud del Espíritu Santo que experimentaron Cornelio y los que estaban en su casa (antes de estar satisfecho Pedro de que fueran "limpios").

Todas estas ocasiones ilustran la soberanía de Dios y su control sobre su propio programa de actividades. ¡Dios nunca se da por vencido! Logra mantener a su iglesia en el umbral de la expectativa, con una actitud de espera y confianza, con humildad y fe. Sólo así la iglesia puede seguir siendo como las "palomitas de maíz".

Es difícil evitar la impresión de que en muchas situaciones contemporáneas la maquinaria eclesiástica está bien aceitada, y los técnicos que la mantienen en marcha son expertos entrenados para manejar toda contingencia imaginable. ¿Es posible, entonces, que no tengamos más sorpresas?

- ¿Qué pasará si el diablo provoca algún desmán?
- ¿Qué pasará si Dios decide hacer algo imprevisto?
- ¿Qué pasará si el pastor o algún líder responsable hace una confesión pública de alguna inmoralidad escandalosa, con espíritu quebrantado y arrepentido?
- ¿Qué pasará si Dios revela a algún discípulo humilde un asunto que provoque una búsqueda de Dios en oración, arrepentimiento o rendición entre algunas familias, o entre los jóvenes, o entre los diáconos?

¿Es esto impensable?

Dado que estas suposiciones son factibles — aunque imposibles de prever — estamos obligados a echarnos en los brazos de Dios. La iglesia nunca será reducida a una entidad previsible, "segura", inocua. Es como una familia que vive, crece, sufre, madura, y a veces falla. En su carácter de pueblo, siempre estará "en riesgo".

Seremos sabios, entonces, si caminamos en el temor de Dios con sincera humildad. De otra manera, podríamos encontrarnos en una "situación de alto riesgo". En esas situaciones, lo que está en riesgo es nuestro programa, nuestra proyección, nuestra reputación. Pero si vivimos a la luz de la realidad espiritual — con honestidad, humildad y expectativa — no interpretaremos tales sucesos como riesgosos. Nada de valor eterno está en peligro. El que escribió la Epístola a los Hebreos planteó la situación en estos términos:

> Por eso tengan cuidado de no rechazar al que nos habla. Pues los que rechazaron a Dios cuando él les llamó la atención aquí en la tierra, no escaparon. Y mucho menos podremos escapar nosotros, si le damos

la espalda al que nos llama la atención desde el cielo. En aquel tiempo, la voz de Dios hizo temblar la tierra, pero ahora dice: "Una vez más haré temblar no sólo la tierra, sino también el cielo." Al decir "una vez más", se entiende que se quitarán las cosas creadas, lo que puede ser movido, para que permanezca lo que no puede moverse. El reino que Dios nos da, no puede ser movido.

Demos gracias por esto, y adoremos a Dios con la devoción y reverencia que le agradan. Porque nuestro Dios es como un fuego que todo lo consume.

Hebreos 12:25–29

Si tenemos la disposición de dar al Espíritu Santo de Dios espacio para obrar entre nosotros, debemos recordar que su propósito es revelar, enseñar, redargüir, convencer, atraer, escudriñar y crear. ¡Esas posibilidades nos pueden asustar! Las consecuencias pueden ser trascendentes. O vemos a Dios como soberano, o a nosotros como soberanos. Pero no hay duda alguna para qué lado están las Sagradas Escrituras.

CARISMÁTICA Y CONTROVERTIDA

Sea como fuere que interpretemos el término, no puede argumentarse mucho en cuanto a la aseveración bíblica de que la iglesia es esencialmente *carismática*. Vale decir que vive bajo la dirección, la operación y la gracia del Espíritu de Dios. Este asunto siempre provocará cierta controversia, aunque no sea por otra razón que la de describir de alguna manera esa frontera donde obra el Espíritu Santo y usa vasos humanos falibles.

Sin embargo, esto no tiene por qué causarnos más preocupación que cualquier otro rubro de actividad o responsabilidad humana. Es Dios quien determinó esta relación delicada y difícil. Una situación mucho más problemática para nosotros sería la posibilidad penosa de que Dios se retirara del escenario dejando todo en nuestras manos. ¡Eso sí que nos dejaría en un lío de novela!

Desde el principio, Jesús determinó que la naturaleza y la dirección de la iglesia fuera apostólica, profética y carismática. Todos estos son términos incómodos para nosotros, ya que implican la imprevisible intervención divina en nuestros esquemas desde fuera de ellos. Aunque no sería totalmente desde afuera. Pues estos dones e individuos dotados son dados a la iglesia. Por lo tanto, son para el bien de la iglesia. No hay amenaza implícita. Su presencia es, más bien, una advertencia y una protección contra nuestra tendencia a arreglar las cosas para darnos alguna ventaja, o bien a ordenarlas de un manera más o menos previsible, de modo de permitirnos planificar y anticipar lo que ha de suceder.

La realidad de la presencia de Dios entre nosotros también nos ofrece esperanza, porque el Señor no nos deja solos. Él está obrando en nuestro medio. Él puede realzar nuestras sensibilidades naturales, investir nuestros talentos y habilidades de una dimensión trascendente, o aun concedernos algún don sobrenatural, aunque sea temporario, todo con el propósito de capacitarnos para hacer su voluntad. No tenemos por qué sentirnos frustrados por nuestra conciencia de incompetencia o falibilidad. Dios siempre puede más que nosotros. Aunque ha elegido obrar a través de nosotros.

Cuando nos miramos a nosotros mismos, tendemos a ofrecer excusas y disculpas. Al mirar a los demás, tendemos a criticar y a descalificar. Pero Dios no hace ni lo uno ni lo otro. Nos unió consigo por medio de un pacto eterno, y está obrando en nosotros para completar todo lo que prometió.

Esta dimensión celestial en la vida de la iglesia es asombrosa... casi abrumadora. Constituye el elemento de misterio en el pueblo de Dios. Es la manera en que Dios nos recuerda: "Tú eres mío". Es esto lo que hace posible soportar situaciones y personas, fracasos y frustraciones que de otra manera nos provocarían el abandono de la lucha. Cuando demos testimonio de ser el pueblo de Dios, recordemos siempre que, en realidad, él es todo lo que tenemos. Sin él, nada podemos hacer. Con él, todo es posible.

Quince

Recuperemos la visión de pueblo

¿Qué diferencia hay entre la visión de la iglesia como el pueblo de Dios, y la realización de esa visión? Si la esperanza de realización descansa sólo en las cualidades inherentes de los que conforman la comunidad, seguramente estamos destinados al fracaso y la desilusión desde el principio. La esperanza puede fundamentarse sólo en el amor fiel de nuestro Dios.

Si Dios es fiel y si su misericordia permanece para siempre, entonces hay esperanza. Y si hay una verdad que brilla como el sol al amanecer sobre el paisaje de las Escrituras, ella es la misericordia y fidelidad trascendente de Dios que hace pacto con su pueblo.

La palabra hebrea *hesed*, traducida a veces como *amor* o *misericordia*, salta de las páginas del Antiguo Testamento vez tras vez, expresada a menudo en relación con la idea de pacto. Tejidos en el tapiz de esta palabra rica encontramos hilos que sugieren fidelidad, lealtad, compasión y firmeza en el infortunio.

Este amor firme, estable y leal de nuestro Dios que guarda el pacto es, en última instancia, la única esperanza de su pueblo. Si nos dejara como errantes, o si nos juzgara por nuestra infidelidad, no sería más de lo que merecemos. Pero si se nos concede el arrepentimiento, si somos restaurados, si logramos recuperar la vitalidad y la plenitud de la relación pactada que Dios mismo determinó para los suyos, se debe enteramente a su *hesed*: su amor duradero y fiel.

ELEMENTOS PARA LA RECUPERACIÓN

Si construimos sobre la base de este amor firme y fiel, ¿cuáles son los pasos que debemos dar hacia la recuperación y el cumplimiento de la visión de la iglesia como pueblo? Exploremos brevemente cuatro elementos esenciales.

1. La soberana operación del Espíritu Santo

A menos que Dios el Espíritu Santo obre activamente en nuestras vidas, a fin de conformarnos a la imagen de Cristo, inspirarnos y guiarnos, reprendernos, corregirnos, y edificarnos juntos como el pueblo del Señor, no hay duda de que no llegaremos lejos por cuenta propia.

Esta relación entre el Espíritu Santo y nosotros es dinámica. No puede limitarse a un estudio académico o técnico. Aunque nuestros pensamientos tienen que alinearse con lo que está escrito en la Biblia, es el resultado de la venida del Espíritu sobre sus siervos y siervas lo que producirá en la tierra la realización del propósito de Dios.

Precisamos percepción y sensibilidad espirituales. Los retos del Cristo resucitado a las siete iglesias del Apocalipsis capítulos 2 y 3 señalan con claridad que los que "tienen oídos para oír lo que el Espíritu Santo dice a las iglesias" son los que Dios escoge para hacer su obra. Si solamente decidiéramos aminorar la marcha a fin de estar atentos a la voz del cielo, eso sería un buen punto de partida para muchos de nosotros. Es más fácil que los corazones que escuchan se conviertan en corazones que obedecen. El poner atención en la voz de Dios es la clave para ser útiles a Dios en su obra.

2. La conciencia de nuestras fallas

Dios pone la plomada a nuestra vida y obra para que estemos atentos a sus normas... y que descubramos nuestras distorsiones. El "espejo" en Santiago capítulo 1 es una ilustración útil. Al mirar en la palabra de Dios el plan maestro, no debemos olvidar lo que vemos. Porque ese plan constituye la directriz del soberano Señor para nuestra vida y actividad.

Tenemos que usar la verdad de Dios tanto para medir nuestra obra como para corregir nuestros errores. Uno no precisa ser ni profeta ni pesimista para discernir sus fallas y transgresiones. Pero sí, tiene que ser honesto, humilde y preciso. No ayuda formular juicios generalizados. Siendo lo que somos, no podemos manejar más que algunas pocas facetas de la vida a la vez. Pero cuando el Señor arroja su luz sobre asuntos o aspectos que requieren ajustes, pongámonos en sus buenas manos y tratemos fielmente con las cosas que él toca. Determinemos cambiar un enfoque individualista por un compromiso serio con la comunidad de los que siguen a Cristo.

3. Un aprecio por el plan original de Dios

Aquí me refiero a lo que podríamos llamar "las cosas básicas" (véase Hebreos 6:1) o el prototipo divino. El Señor mostró primero a Moisés la figura de las cosas tal como están en el cielo, y sólo después lo autorizó a construir el tabernáculo. Pablo se refirió a los "misterios" que le fueron revelados, por los cuales entendió y declaró el eterno propósito de Dios con respecto a la iglesia. Jesús mencionó la voluntad de su Padre "en el principio" con respecto al pacto matrimonial. La iglesia primitiva se desarrolló bajo la supervisión apostólica de doce hombres que habían estado con Jesús en todo su ministerio terrenal "desde el principio" (véase Hechos 1:21,22).

Si nos limitamos a comparaciones entre nosotros y nuestra relativa competencia, hay poca esperanza de que lleguemos a lo que Dios quiere para nosotros. Si cada uno fija la hora de su reloj según una supuesta norma no autorizada, ¿cómo podremos saber si tenemos buena hora? Por lo tanto, viene a ser esencial que revisemos los planes originales de Dios. Esto señala el valor de estudios históricos... y la necesidad de objetividad. Si iniciamos la investigación con ideas preconcebidas y prejuicios, no podremos arribar a conclusiones fidedignas. Debemos tener siempre presente el propósito divino — declarado desde el principio — de tener un pueblo, una familia, una nación santa.

4. La voz profética

El Señor nunca se deja sin testimonio... al menos, no por mucho tiempo. Cuando Dios quiere llamarnos la atención sabe lograrlo. Este llamado o despertar divino es vital para nuestra vida espiritual. Sus dones son dados a la iglesia a través de seres humanos. Lo importante es determinar si estos han oído la voz de Dios y si están comunicando su verdad a otros.

No esperemos más perfección de otros que de nosotros mismos. Es improbable que cualquier otra persona conforme nuestra imagen de lo ideal, pero esto no debe impedir que recibamos una exhortación válida. La señal de que un profeta es falso es que desvía los corazones del camino del Señor. Una voz profética genuina nos acercará a Dios. Pero todos los vasos humanos son falibles, incluso los de Elías y Pedro, ambos usados poderosamente por el Señor. Hacemos bien en cultivar una actitud humilde que esté siempre dispuesta a responder cuando se nos exhorta a acercarnos a Dios.

La voz profética difícilmente vendrá de una figura patriarcal, con túnica blanca y barba larga. Dios ha sabido dar a conocer su voluntad a través de un asno, o de un niño, o de un enemigo, o de un vecino. ¿Quién no ha discernido la voz de Dios por medio de un sermón, un libro, un suceso contemporáneo, un conferenciante de visita, o un amigo preocupado? Lo importante es discernir su voz y responder con humildad y fe. Porque Dios nos está hablando hoy a nosotros, su iglesia, de la necesidad de arrepentirnos del individualismo desenfrenado, a fin de que nos unamos como su pueblo.

¿CÓMO HEMOS DE MANEJAR NUESTRAS DIFERENCIAS?

Al marchar juntos por el camino de la renovación espiritual, necesitaremos aprender a manejar las diferencias que aparecen entre los miembros de la familia de Dios. De otra manera, cada nuevo capullo de esperanza se desvanecerá y secará por falta de armonía y entendimiento. O cada problema se convertirá en una excusa más para la división y el sectarismo.

Los miembros de nuestra propia familia tuvieron que aprender a ser generosos y amplios los unos con los otros, a fin de preservar la cortesía en el trato, la armonía y la paz en el hogar. ¡Ocurre lo mismo en la familia de Dios!

La pregunta realmente esencial que debemos formularnos con respecto a los demás es simplemente: "¿Es mi hermano? ¿Es mi hermana?" Si la respuesta es afirmativa, debemos tratar a esa persona dentro del marco de la familia de Dios. Tanto Jesús como sus apóstoles nos enseñaron con claridad la manera en que debemos tratar a los hermanos.

Las diferencias entre cristianos, en su mayoría, pueden ser resueltas con sólo adoptar una actitud de gracia y misericordia, a semejanza de Cristo. Al aprender a complementarnos los unos a los otros, en lugar de volvernos contrincantes, podemos lograr una relación armoniosa, tal como esperamos de nuestros hijos (que son hermanos entre sí). Sin embargo, tenemos que encarar con realismo el problema de tratar con las personas que son especialmente difíciles, individualistas, con una mentalidad estrecha, o los que tienen actitudes antisociales. Se podría decir mucho sobre esto, pero hay una realidad que debemos tener presente en todo el trato: Si la comunidad tiene un claro y confiado sentido de su identidad como pueblo, como familia, podrá manejar mejor los casos especialmente difíciles. Procederá como los padres firmes y seguros de sí cuando tienen que tratar con hijos difíciles. No deben dudar de su identidad o autoridad, como tampoco deben sofocar, anular o destruir la personalidad de sus hijos.

Por otro lado, si nos apartamos de la conciencia fundamental de ser un pueblo, enfrentamos múltiples frustraciones en nuestro esfuerzo por manejar estas diferencias y tratar con individuos difíciles. Sería parecido a la idea de pretender criar hijos sin contar con una familia. Aunque fuera posible, ¿por qué intentarlo, si podemos contar con la familia?

La cuestión de identificar nuestra relación como pueblo tiene que ver básicamente con nuestro punto de vista. Se trata de una disposición a considerar nuestra relación en esos términos, lo que a su vez determina nuestra manera de considerar muchas otras cosas. Tradicionalmente, muchos cristianos evangélicos piensan de la integridad en términos de corrección (u ortodoxia) doctrinal. Cuando es así, las diferencias doctrinales suelen provocar otros problemas en la relación. Pero cuando la integridad se determina por la relación comunitaria y el compromiso familiar, más que por la confesión y declaración de credos, el marco social es suficientemente amplio para resolver las discordias. Imprecisiones, inmadurez o diferencias de punto de vista o enfoque, en los dones o habilidades, o en los temas de interés o de vocación, pueden ser procesadas sin dar lugar a divisiones. Cuando, en cambio, el enfoque es demasiado estrecho, suele generar fricciones y rebelión.

COMPROMISO CON LA COMUNIDAD

Compartir la misma familia bajo la paternidad de Dios significa que tenemos que enfrentar la vida juntos. Ahora y por la eternidad. Pensar y planificar en forma individualista, sin pensar en su efecto en los demás, es destructivo para la estructura de la comunidad cristiana. No debemos pensar que este sentido de compromiso obra en contra de la realización de cada persona. Esa idea es equivalente a la suposición de que las limitaciones necesarias para que pueda una familia convivir en paz obran en contra del desarrollo particular de los individuos que integran la familia. No es así; al contrario, las restricciones implícitas de un compromiso mutuo profundo pueden resultar en la bendición y el enriquecimiento del carácter.

Cuando el Señor nos salva del pecado, también quiere redimirnos de nosotros mismos, de nuestra tendencia de aislarnos y actuar independientemente. Jesús dejó muy claro que el servir los unos a los otros debe caracterizar la vida de sus discípulos (véase Mateo 20:25-27). El hecho de compartir la misma herencia y el mismo destino como hermanos en Cristo nos une en un compromiso mutuo.

Este nivel de relación, establecido por el Señor en su soberana gracia, es la consecuencia de estar en Cristo y no precisa ningún otro nivel adicional de compromiso para hacerlo más firme. El solo hecho de reconocer a otro como mi hermano en Cristo es evidencia suficiente de nuestro compromiso del uno con el otro. Pensar en agregar algo a eso sólo confunde el tema.

Vernos como el pueblo de Dios debe tener efectos profundos y duraderos en nuestra disposición de amar y servirnos unos a otros. Esta relación, bien comprendida, nos libera de egoísmo, indiferencia, avaricia, aislamiento y prejuicios. Encontramos gran gozo en servir a los demás, en darnos y dar nuestros bienes, tiempo, vida, talentos y habilidades.

En su segunda carta a los corintios, Pablo se expresa con elocuencia al abordar el tema del compromiso mutuo entre los cristianos. Deseando despertar la conciencia de los creyentes macedonios con respecto a su deuda de amor para con sus hermanos más necesitados de Judea, les plantea el ejemplo de su redentor:

> Porque ya saben ustedes que nuestro Señor Jesucristo, en su bondad, siendo rico se hizo pobre por causa de ustedes, para que por su pobreza ustedes se hicieran ricos.
>
> 2 Corintios 8:9

Luego, en el capítulo siguiente, se vuelve más directo en su exhortación:

> Acuérdense de esto: El que siembra poco, poco cosecha; el que siembra mucho, mucho cosecha. Cada uno debe dar según lo que haya decidido en su corazón, y no de mala gana o a la fuerza, porque Dios ama al que da con alegría. Dios puede darles a ustedes con abundancia toda clase de bendiciones, para que tengan siempre todo lo necesario y además les sobre para ayudar en toda clase de buenas obras. La Escritura dice:
>
> "Ha dado abundantemente a los pobres, y su generosidad permanece para siempre."
>
> Dios, que da la semilla que se siembra y el alimento que se come, les dará a ustedes todo lo necesario para su siembra, y la hará crecer, y hará que la generosidad de ustedes produzca una gran cosecha. Así tendrán ustedes toda clase de riquezas y podrán dar generosamente. Y la colecta que ustedes envíen por medio de nosotros, será motivo de que los hermanos den gracias a Dios.
>
> 2 Corintios 9:6–11

Tal dedicación, surgiendo del pacto y de la vida de la comunidad, a su vez fortalecerá a la misma comunidad. Y cuando los que están en derredor que no saben nada de ese nivel de compromiso observan a los cristianos unidos como una sola familia, como un pueblo, su acción no puede menos que ilustrarles el gran significado del evangelio de Jesucristo.

ACCIÓN SOCIAL

Se dijo que los cristianos primitivos tuvieron un profundo efecto en el mundo en derredor precisamente porque esa no era su intención. Simplemente vivieron de acuerdo con el modelo de Cristo y conforme a sus enseñanzas. Reconocieron que no eran "de este mundo", aunque vivían "en el mundo". Como pueblo escogido por Cristo, interpretaron su vocación en los términos del apóstol Pedro: "Y esto es así para que anuncien las obras maravillosas de Dios, el cual los llamó a salir de la oscuridad para entrar en su luz maravillosa" (1 Pedro 2:9).

Debido a su propio compromiso social profundo los unos con los otros como comunidad y pueblo, la iglesia debe dejar un gran impacto en la estructura social en derredor. Y lo hará aparte de esfuerzos o campañas especiales. Su simple presencia como entidad vital, fuerte y socialmente integrada crea una impresión innegable. Jesús utilizó una variedad de metáforas como la sal, la luz, la levadura y la semilla de mostaza para comunicar esta verdad.

Cuando la sociedad, en cambio, ve a la iglesia como poco más que una organización religiosa — parecida a un club o gremio — sin un claro sentido de comunidad, hay poca posibilidad de captar su atención. En este caso es necesario remediar la situación.

La clave de una acción y testimonio efectivo en la sociedad secular se halla en una restauración dinámica de la conciencia de la iglesia como pueblo de Dios. Cuando sabemos lo que somos y cómo estamos relacionados unos con otros, cuando entendemos con claridad nuestra vocación y destino como pueblo de Dios, nos vemos en condición de actuar como agente catalítico celestial para provocar cambios en la estructura social circundante. Es parte de la misión profética y apostólica de la iglesia en el mundo.

Precisamos una apreciación fresca de las palabras de Pedro:

> Ustedes son una familia escogida,
> un sacerdocio al servicio del rey,
> una nación santa,
> un pueblo adquirido por Dios.
>
> Y esto es así para que anuncien las obras maravillosas de Dios, el cual los llamó a salir de la oscuridad para entrar en su luz maravillosa. Ustedes antes ni siquiera eran pueblo, pero ahora son pueblo de Dios; antes Dios no les tenía compasión, pero ahora les tiene compasión.
> 1 Pedro 2:9,10